Umbauen und Öffnen

Auf Erfolgskurs

Jochen Walter   Dieter Basener (Hg.)

Umbauen und Öffnen

Werkstätten auf dem Weg zur Inklusion

53°
NORD

53 ° Nord steht für ein praxisorientiertes Publikationsangebot zur beruflichen Teilhabe von Menschen mit Behinderungen. Gleichzeitig schaffen Agentur und Verlag Arbeitsplätze für diesen Personenkreis.
Wir wollen mit unseren Büchern und Medien Fachwissen und Alltags-Know-how verständlich verbinden, bewährte Ansätze und Konzepte bekannter machen und neue, zukunftsweisende Ideen vorstellen.
Für all das steht auch der Titel dieser Buch-Reihe *Auf Erfolgskurs*.

Bibliografische Information Der Deutschen Nationalbibliothek
Die Deutsche Nationalbibliothek verzeichnet diese Publikation in der Deutschen Nationalbibliografie; detaillierte bibliografische Daten sind im Internet über http://dnb.d-nb.de abrufbar.

53° Nord Agentur und Verlag
Ein Geschäftsbereich der Elbe-Werkstätten GmbH
Behringstraße 16a
22765 Hamburg
040/414 37 59 87
info@53grad-nord.com
www.53grad-nord.com

© 53° Nord Agentur und Verlag, 2013
ISBN 978-3-9812235-8-3
Lektorat und Koordination: Hartwig Hansen, Hamburg
Fotos: von den beschriebenen Einrichtungen und von Axel Nordmeier, Reinbek
Lithografie: ReproTechnik Ronald Fromme, Hamburg
Druck und Bindung: druckwerk der Brücke Neumünster gGmbH

Inhalt

Werkstätten auf dem Weg zur Inklusion

Zur Einführung

Dieses Buch will einen Beitrag zur sog. Inklusionsdebatte in der Behindertenhilfe leisten. Es geht der Frage nach, wohin und wie sich Werkstätten für behinderte Menschen (WfbM) entwickeln können, um dem Inklusionsparadigma und den Zielen der UN-Konvention über die Rechte von Menschen mit Behinderung möglichst nahezukommen.

Wir wenden uns mit diesem Buch daher an alle Führungskräfte in den Werkstätten und an interessierte Werkstattmitarbeiter mit oder ohne Behinderung und zugleich an das Umfeld von Werkstätten sowie an Entscheidungsträger in Politik, Sozialverwaltung und Verbänden.

In der Bundesrepublik Deutschland gibt es über 700 anerkannte Werkstätten für behinderte Menschen mit insgesamt mehr als 2300 Betriebsstätten. Hier sind über 290 000 behinderte und rund 40 000 nicht-behinderte Mitarbeiter tätig. Der Gesamtumsatz aller Werkstätten wird auf über zwei Milliarden Euro im Jahr geschätzt. WfbM sind somit einerseits ein bedeutender Wirtschaftsfaktor, andererseits stellt sich die Frage, wie einigen hunderttausend Menschen mit Behinderung ein möglichst »normales«, erfülltes Arbeitsleben ermöglicht werden kann.

Während unser letztes Buch in dieser Reihe »*Mitten im Arbeitsleben. Werkstätten auf dem Weg zur Inklusion*« in erster Linie Öffnungsstrategien von Werkstätten nach außen thematisiert hat, geht es diesmal in erster Linie um die Weiterentwicklung der internen Strukturen und Prozesse sowie der Kooperationsbeziehungen innerhalb der Werkstätten. Inwieweit muss sich die Werkstatt von innen her erneuern? Ist der arbeitnehmerähnliche Status der behinderten Werkstattmitarbeiter, ist das Primat ihrer »pädagogischen Förderung« noch zeitgemäß? Sollten sie zukünftig eher wie »richtige, also gleichberechtigte Mitarbeiter« und nicht wie »Werkstattbeschäftigte« in Abgrenzung zum »Fachpersonal« gesehen und behandelt werden? Wie können Informationspolitik, Arbeitsplätze, Arbeitsinstrumente und -prozesse so gestaltet werden, dass die Mitarbeiter mit Behinderung möglichst gleichberechtigt mitwirken und ggfs. mehr Verantwortung übernehmen können? Welche Rechte haben behinderte Mitarbeiter in Werkstätten, ist ihre Entlohnung noch angemessen? Viele Fragen stellen sich in diesem Zusammenhang bzw. werden in letzter Zeit vermehrt und bisweilen zugespitzt gestellt.

Die aktuelle Inklusionsdebatte, ihre Verkürzungen und ihre Chancen

Spätestens mit der UN-Behindertenrechtskonvention (UN-BRK) ist auch in Deutschland eine Diskussion darüber entbrannt, wie Menschen mit Behinderung wirklich mehr Teilhabe und Emanzipation in möglichst allen Lebensbereichen ermöglicht werden kann. Nicht zuletzt die Unzufriedenheit mit der bisher real existierenden Integration behinderter Menschen – zum Beispiel in Regelschulen oder am Arbeitsmarkt – hat Zweifel an der Wirksamkeit des bisherigen Integrationsparadigmas ausgelöst. Inklusion stellt nun in Aussicht, die Schwächen der Integrationspraxis zu überwinden und insbesondere fundamentale sozial- und bildungspolitische Erneuerungen schneller erreichen zu können als auf dem Weg der Integration. Erfreulicherweise sind bisher sogar reale Veränderungen zu verzeichnen. So haben sich beispielsweise einige Bundesländer konkrete Inklusionsziele in der Schulpolitik gesetzt, deren Umsetzung bereits begonnen hat. Der sprachliche Siegeszug des Begriffs steht jedoch bisher in keinem Verhältnis zu realen Veränderungen in Richtung der angestrebten Teilhabe für Menschen mit Behinderung.

Die Inklusionsdebatte kommt nämlich sehr häufig auch als »ethische Sprachwolke« (Bernd Halfar) daher. Alle behindertenpolitischen Konzepte müssen nun inklusiv sein, alles was bisher »integrativ« war, ist auf einmal (ohne dass sich etwas Wesentliches verändert hätte) »inklusiv«.

Inklusion ist jedoch kein Selbstzweck, sondern soll zu gelingender Individualität im Sinne von Lebensqualität und damit zur Verwirklichung »individueller Autonomie« von Menschen mit Behinderung (Art. 3 UN-Behindertenrechtskonvention) sowie zu ihrer Teilhabe in allen gesellschaftlichen Bereichen führen. Kommt man also über eine ethische Perspektive hinaus und klopft die Debatte auf weitere Perspektiven ab, so werden aus meiner Sicht einige »Verkürzungen« erkennbar:

In der normativen Perspektive fällt auf, dass die UN-Konvention in Deutschland häufig auf das Paradigma der Inklusion als gesellschaftliches Leitziel verkürzt wird. Da die UN-Konvention ein »menschen-rechtliches« Modell aufspannt und einen subjektorientierten und an den individuellen Rechten orientierten Umgang mit Behinderung fordert (Gleichheit von Rechtssubjekten), macht sie eben die jeweilige Individualität und das jeweils subjektive Verständnis von »guter Lebensqualität« zum Maßstab. Wenn also in der aktuellen Debatte immer wieder behauptet wird, Werkstätten als »Sonderwelten« seien mit der UN-Konvention nicht vereinbar, wird die individuelle Perspektive der Menschen mit Behinderung (in diesem Fall der »Werkstattbeschäftigten«) außer Acht gelassen. Dagegen bezieht die Forderung, neben Werkstätten müsse es Alternativen in Bezug auf Leistungen zur Teilhabe am Arbeitsleben geben, zwischen denen Menschen mit Behinderung wählen dürften und könnten, die individuelle Perspektive mit ein. Mehr Inklusion heißt zunächst einmal nur: mehr Inklusion, jedoch nicht automatisch mehr Lebensqualität für den einzelnen behinderten Menschen.

Als eine weitere Verkürzung – nämlich auf eine bestimmte Gruppe von Menschen mit Behinderung – erscheint es mir, wenn das soziale Modell von Behinderung (Behinderung in erster Linie durch gesellschaftliche Barrieren) gegen das medizinische Modell (defizitorientierte Sichtweise auf Behinderung, zum Beispiel als dauerhafte Einschränkung infolge von Krankheit) ausgespielt wird. Selbst wenn alle gesellschaftlichen Barrieren fielen, so wären schwerstmehrfach behinderte Menschen nach wie vor zum Beispiel beatmungs- und pflegeabhängig o. Ä., also ein Leben lang auf fremde Hilfe angewiesen und damit nach wie vor per se in ihrer individuellen Autonomie eingeschränkt. Assistenz und Barrierefreiheit im Sozialraum können hochprofessionelle und hochspezialisierte Rehabilitationsangebote nicht ersetzen, sondern bestenfalls ergänzen.

In der fachpolitischen Perspektive fällt eine Verkürzung auf die Abwesenheit von Sondereinrichtungen als Kriterium für Inklusion auf. Um Exklusion zu vermeiden, hat sich im Laufe vor allem des letzten Jahrhunderts ein spezifisches Hilfesystem herausgebildet, weil verschiedene gesellschaftliche Systeme (zum Beispiel Bildungssystem, Arbeitsmarkt) Exklusion produziert haben. Neuerdings werden jedoch diese Hilfesysteme bzw. Einrichtungen als Ursache von gesellschaftlicher Exklusion angenommen und nicht mehr die gesellschaftlichen Systeme, die sie verursacht haben bzw. nach wie vor verursachen. Werkstätten beispielsweise sind eigentlich »Ausgleichs-Institutionen« für die Nicht-Inklusion bestimmter Personengruppen am Arbeitsmarkt. Die Prognose einer wahrscheinlich dauerhaften Exklusion einer Person vom Arbeitsmarkt ist faktisch die Zugangsvoraussetzung in die Werkstatt. Und nun wird Exklusion kurzerhand als Anwesenheit der Sondereinrichtung Werkstatt definiert – quasi als Etikettenschwindel, in dem Ursache und Wirkung miteinander verwechselt werden.

Die in diesem Zusammenhang zielführenden Fragestellungen lauten aus meiner Sicht vielmehr: Wie gelingt es, dass das gesellschaftliche System Arbeitsmarkt deutlich weniger Exklusion produziert? Sind Werkstätten in ihrer heutigen Verfasstheit geeignet, die Exklusion der hier in Rede stehenden Personengruppen wirksam auszugleichen bzw. zu vermeiden?

In der ökonomischen Perspektive kann festgestellt werden, dass die durch »mehr Inklusion« entstehenden gesellschaftlichen Kosten in der Debatte zumeist ausgeblendet werden. Wenn beispielsweise alle 290 000 Werkstattbeschäftigten (oder auch nur die Hälfte von ihnen) in Betriebe des sogenannten allgemeinen Arbeitsmarktes integriert werden könnten, wären individuelle Hilfesysteme / Begleit- und Unterstützungsprozesse notwendig, die erhebliche Kosten verursachen würden. Zudem käme es in den entsprechenden Arbeitsprozessen zu Produktivitätseinbußen, Effizienzverlusten und »Störquellen«, die ebenfalls Kosten – bei wem auch immer – verursachen würden. Nicht ohne Grund hat der Gesetzgeber entsprechende Wettbewerbsvorteile bzw. Ausgleichszahlungen für WfbM bzw. Integrationsfirmen eingeräumt, da deren Produktivität eben deutlich von der üblicher Unternehmen abweicht. In der schulpolitischen Diskussion spielen die mit der Integration schwerbehinderter Schüler in die Regelschulen verbundenen Mehrkosten mittlerweile eine gravierende Rolle.

Es ist davon auszugehen, dass – wenn sich die Sprachwolke allmählich verzieht – eine realistische Debatte über die Umsetzung der UN-Behindertenrechtskonvention und über Ansätze für eine zunehmend inklusive Gesellschaft mit ihren Subsystemen (Schule, Arbeitsmarkt usw.) in den Vordergrund tritt. Dann besteht die Chance genauer auszuloten, inwieweit und wie sich welche gesellschaftlichen Subsysteme zu welchen gesellschaftlichen Kosten weiterentwickeln müssen, damit möglichst viele Menschen mit Behinderung

- mit nicht-behinderten Menschen zusammen lernen, arbeiten und wohnen können bei gleichzeitiger individuell-bedarfsorientierter Rehabilitation und Unterstützung;
- in Bezug auf soziale Rechte und Bedingungen keine gravierenden Nachteile allein aufgrund ihrer Behinderung erleiden;
- barrierefreie Zugänge zur gesellschaftlichen Teilhabe wirklich nutzen können.

Wohin können Werkstätten steuern?

Im Zuge der Inklusionsdebatte wird nicht selten die Frage aufgeworfen, ob Einrichtungen der Behindertenhilfe – insbesondere »Großeinrichtungen« – mittelfristig überhaupt noch eine Existenzberechtigung haben. Ich meine ja, denn

- solange die meisten Regelschulen gerade mal ein bis zwei schwerbehinderte Kinder – wenn überhaupt – aufnehmen (können oder wollen),
- solange die meisten Betriebe – aus welchen Gründen auch immer – eben keine bzw. kaum schwerbehinderte Menschen einstellen und

– solange es kaum dezentrale bzw. gemeindenahe Assistenzangebote rund um Wohnen und Freizeit gibt,

solange sind die Träger der Behindertenhilfe gefordert, Brücken in die Gesellschaft zu bauen, um die Integration behinderter Menschen zu ermöglichen.

Diejenigen, die genau wissen, dass Schulen, Arbeitswelt oder Kommunen in absehbarer Zeit noch nicht so weit sein werden und dennoch – direkt oder indirekt – für eine Abschaffung von Einrichtungen der Behindertenhilfe plädieren, kommen fast daher wie »Inklusionsscheinheilige«. Sie nehmen bewusst in Kauf, dass sich die Lern-, Arbeits- und Lebensbedingungen der betroffenen Menschen mit Behinderung drastisch verschlechtern würden. Im Übrigen fordert das Ideal einer inklusiven Gesellschaft die gesamte Gesellschaft heraus, es geht hier nicht um ein Sonderprogramm für Großeinrichtungen.

Aber es gibt auch das andere Extrem, nämlich die »Einrichtungsscheinheiligen«, die die Exklusivität ihrer Einrichtungen möglichst als »Geschlossene Veranstaltung« am liebsten erhalten würden und dies zuweilen mit Argumenten, die vorgeben, sie würden im Interesse behinderter Menschen sein. Der Weg in Richtung Inklusion bedeutet also sicherlich nicht, dass es keine Einrichtungen mehr geben wird. Es wird in zehn oder zwanzig Jahren nach wie vor viele behinderte Menschen geben, die zum Beispiel in einer Förderschule, einer Werkstatt oder einem Wohnheim lernen, arbeiten oder wohnen möchten. Allerdings werden Träger von Einrichtungen zukünftig flexiblere Angebotsformen entwickeln müssen, denn Leistungen werden verstärkt ambulant, verstärkt modular und verstärkt in Form von individuellen Assistenzleistungen nachgefragt – das ist heute bereits absehbar.

Die Träger von Werkstätten können aus meiner Sicht eine Doppelstrategie verfolgen: einerseits die kritische Begleitung der Inklusionsdebatte und andererseits den Umbau und die Öffnung ihrer Werkstätten – also die Probleme mit Inklusion benennen, aber es nicht dabei belassen. Neben der Kritik an ideologischen und unrealistischen Übertreibungen sowie an weiteren – unter dem Deckmantel der Inklusion vorgetragenen – Sparmaßnahmen kommt es zugleich darauf an, sich wirklich auf den Weg zu machen und die eigenen Einrichtungen zu reformieren.

Auf einem idealtypischen Kontinuum zwischen den beiden Polen »Sondereinrichtung« einerseits und »Sozialunternehmen« andererseits können Indikatoren ausgemacht werden, die je nach ihrem Ausprägungsgrad die Positionierung einer WfbM beeinflussen:

Indikator	Ausprägung bei Werkstatt als »Sondereinrichtung«	Ausprägung bei Werkstatt als »Sozialunternehmen«
In sich geschlossene Sonderwelt	hoch	gering
Wirtschaftsnähe / Arbeitsmarktnähe	niedrig	hoch
Regionale Vernetzung z. B. mit Kommune, VHS, Berufsschulen, Betrieben	niedrig	hoch
Einbindung in Wertschöpfungsketten anderer Unternehmen (Firmenkunden)	niedrig	hoch
Anzahl Außenarbeitsplätze bzw. betriebsintegrierte Arbeitsplätze	gering	hoch
Vermittlungsanspruch in den sog. allgemeinen Arbeitsmarkt	faktisch aufgegeben	wird mit Leben gefüllt
Öffnung für andere Personengruppen, z. B. Langzeitarbeitslose	nein	ja
Anzahl nicht-behinderter Mitarbeiter	geringer	höher
Zusammenarbeit behinderter/ nicht-behinderter Mitarbeiter	ausnahmsweise	ganz normaler Alltag
Berufliche Bildung für MA mit Behinderung	zweijähriger BBB ohne staatlich anerkanntes Zertifikat	regelmäßig dreijährige Ausbildung nach BBiG in Zusammenarbeit mit Betrieben und Berufsschulen
Arbeitsbegleitende Förderung der MA mit Behinderung	vornehmlich nach pädagogischen Kategorien	im Rahmen der unternehmensinternen Personalentwicklung
Mitbestimmung der MA mit Behinderung	unterliegt WMVO	unterliegt BetrVerfG
Rechtsstatus der MA mit Behinderung	arbeitnehmerähnlich	zunehmend auch mit Arbeitnehmerstatus
Vergütung der MA mit Behinderung	Werkstattentgelt	zunehmend auch Lohn/Gehalt nach den einschlägigen Mindestlohnbestimmungen

Die UN-BRK fordert uns heraus, das System der Teilhabe am Arbeitsleben kritisch zu überprüfen. Eine an den jeweils individuellen Bedarfen orientierte »sowohl-als-auch«-Haltung wird uns weiter bringen als eine »entweder-oder«-Diskussion, die die Wahlmöglichkeiten der Menschen mit Behinderung letztlich einschränkt.

In Bezug auf die weitere Entwicklung der Werkstätten könnte es mittelfristig um die Grundentscheidung gehen, ob sie und ihre Beschäftigten stärker in der Mitte der Gesellschaft ankommen oder zu »Resteinrichtungen« gemacht werden. Aktuell beschränken sich die Konzepte der Politik auf die Herauslösung der vermeintlich leistungsfähigeren Menschen mit Behinderung aus der WfbM. Ein Konzept zur zukünftigen Entwicklung der Werkstatt selbst haben die derzeitigen politischen Entscheidungsträger bisher nicht vorlegen können. Zugleich hängen sie mit deutlichem Abstand einer fortgeschrittenen Praxis hinterher. Es besteht die Chance, durch praktisches Handeln (Experimente, Modelle, Vorbilder) den Gesetzgeber zu weiterreichenden Reformen zu bewegen, wie es zum Beispiel auch bei der Etablierung der Integrationsfirmen oder der dauerhaft ausgelagerten Werkstattplätze der Fall war. Mit anderen Worten: die Akteure in den Werkstätten sind gefordert!

Zu den Beiträgen dieses Buches

Der Beitrag »Inklusion lässt sich nicht messen« von **Brokamp** (Montag Stiftung, Bonn) gibt einen Überblick zur Begriffsbestimmung von Inklusion sowie zu der Frage, wie Inklusion in einer Kommune oder Organisation mit Leben gefüllt werden könnte. Wie können inklusive Strukturen und Prozesse initiiert, gestaltet und nachgehalten werden? Was bedeutet dies für die Führungskräfte einer Organisation? Hier finden interessierte Werkstattverantwortliche viele übertragbare Anregungen, wenn es darum geht, Strukturen und Prozesse in der Werkstatt zu verändern.

Die folgenden Praxisbeiträge nähern sich von ganz unterschiedlichen Seiten der Frage, wie Werkstätten selbst »inklusiver« werden können.

Der Beitrag von **Schulz** (alsterarbeit gGmbH, Hamburg) »Keine zusätzliche Aussonderung: Zusammenarbeit von Menschen unterschiedlicher Einschränkungen« zeigt unter dem Motto »Arbeiten – so normal wir möglich, mit so viel Assistenz wie nötig«, wie das Ziel erreicht werden kann, dass es grundsätzlich allen Werkstattbeschäftigten ermöglicht wird, in allen Tätigkeitsfeldern (einschließlich auf sog. Außenarbeitsplätze) zu arbeiten, in dem der notwendige Assistenzbedarf und die dafür notwendigen Rahmenbedingungen und Strukturen ermittelt und bereitgestellt werden. Als zukünftige Herausforderung wird hier der weitere Ausbau von Platzierungsmöglichkeiten in quartierbezogenen Beschäftigungs- und Arbeitsplätzen im »Betrieb nebenan«, in unterschiedlichen produktions- und dienstleistungsorientierten Beschäftigungs- und Arbeitsangeboten in Verbänden, (sozial-)wirtschaftlichen Unternehmen, öffentlichen Unternehmen, Kirchengemeinden usw. gesehen.

Der Beitrag von **Giese-Walhöfer** (INTEG GmbH, Bad Driburg) »EINE Werkstatt für ALLE« stellt die Entstehungsgeschichte und aktuelle Praxis einer Werkstatt dar, die für sich ein gelebtes Gleichheitsprinzip in Anspruch nimmt, nämlich dahingehend, dass
– betriebliche Vorgaben für alle Beschäftigten (ob behindert oder nicht, ob Werkstattbeschäftigter oder Arbeitnehmer / Fachpersonal) gleichermaßen gelten;
– es nur gemeinsame Mitarbeiterversammlungen gibt;
– die ausgezahlten Prämien nach gleichen Kriterien gewährt werden;
– die Sozialpädagogen sich als Betriebssozialarbeiter, zuständig für alle Mitarbeiter, begreifen;
– eine Übernahme von Beschäftigten mit Behinderungen in den Angestelltenstatus keine Seltenheit darstellt und
– es nur eine Mitarbeitervertretung für alle gibt.

In dem Beitrag von **Hummel** (Behinderten-Werk Main-Kinzig e.V.) »Beschäftigte übernehmen Verantwortung – Das Konzept der teilautonomen

Teams im Digitaldruckzentrum ›Alte Wäscherei‹ in Bad Soden-Salmünster« geht es um die Einführung teilautonomer Arbeitsgruppen in einer Werkstatt. In dieser (neuen) Arbeitsorganisation sollen möglichst alle Werkstattmitarbeiter die Arbeitsprozesse mitgestalten und die Arbeitsabläufe selbstständig steuern können. Die Bildung teilautonomer Teams wird hier als Prozess verstanden, in dessen Verlauf sich die Werkstattmitarbeiter sowohl in ihrer beruflichen Kompetenz qualifizieren als auch in ihrer sozialen Handlungsfähigkeit weiterentwickeln können, mit dem Ziel der verstärkten Übernahme von Verantwortung ohne direkte Anleitung.

In ihrem Beitrag »Personalentwicklung statt Förderpädagogik« plädiert **Windisch** (IWL Werkstätten für Behinderte GmbH, München) für einen Richtungswechsel weg von einer defizitorientierten und am »Hilfebedarf« des Werkstattmitarbeiters orientierten »pädagogischen Förderung« hin zu einer Personalentwicklung und beruflichen Qualifizierung, wie in »modernen Unternehmen« üblich. Nach einer theoretischen Einführung werden eine Reihe praktischer Beispiele vorgestellt.

Der Beitrag von **Kammann/Dühnen/Oermann** (Osnabrücker Werkstätten gGmbH/PEZ-Projekt: PersönlichkeitsEntwicklung und Zufriedenheitsermittlung) berichtet über ein besonderes Projekt, in dem mithilfe »Inklusiver Forschung und Projektarbeit« die Teilhabe am Arbeitsleben für Menschen mit Behinderungen verbessert werden sollte. Gemeinsam untersuchten neun Werkstattbeschäftigte mit drei (Sozial-)Pädagogen und einer Projektleiterin folgende Fragen und erarbeiteten hierzu konkrete Ergebnisse:
– Wie kann für Menschen mit Behinderung an ihrem Arbeitsplatz in der WfbM eine möglichst große Mitwirkung und Teilhabe erreicht werden?
– Wie können sie mitreden und mitentscheiden?
– Wie können sie sagen, was ihnen gefällt und womit sie unzufrieden sind?
– Wie können sie Ziele und Wünsche finden und verfolgen?
– Und was bedeutet überhaupt Persönlichkeitsentwicklung und Zufriedenheitsermittlung?

Jochen Walter

In dem Beitrag von **Wegner** und **Günther** »Mitwirkung auf allen Ebenen: Das Domino-Konzept der Lewitz-Werkstätten gem. GmbH Parchim« wird über verbesserte Mitwirkungsstrukturen und -prozesse durch ein aus Frankreich stammendes Konzept berichtet. Alle Arbeitsgruppen in der Werkstatt begreifen sich demnach als Dörfer, die ihre Belange in direkter Demokratie selbst regeln. Hiermit soll ein Weg zu mehr Mitbestimmung und Qualitätssicherung beschritten werden, indem Werkstattbeschäftigte befähigt werden, aktiv an der Weiterentwicklung der Werkstatt mitzuarbeiten.

Der Beitrag von **Wagner** »Streitschlichtung durch Menschen mit einer geistigen Behinderung« (Lebenshilfe-Werkstatt Unterer Niederrhein GmbH, Wesel) beschreibt ein Projekt, in dessen Rahmen acht Werkstattmitarbeiter mit geistiger Behinderung zu Streitschlichtern ausgebildet und dabei von einer Mitarbeiterin des Sozialen Dienstes und zwei Gruppenleitern begleitet wurden. Systematisch angewandte Streitschlichtung soll auf Dauer die Streitkultur in der Werkstatt verändern, die mediative Haltung bei Konflikten soll um sich greifen. Dies dient zudem der Persönlichkeitsentwicklung und stärkt das Selbstbewusstsein der beteiligten Menschen.

Regler und **Borucker** berichten in ihrem Beitrag »Informationen für alle zugänglich machen: CABito – Ein Projekt der Ulrichswerkstätten Schwabmünchen« (CAB Caritas Augsburg Betriebsträger gGmbH) von einer deutlich verbesserten Informationspolitik und Transparenz innerhalb der Werkstatt durch die Einführung eines barrierefreien Informationsportals. Alltagsinformationen, die sich üblicherweise auf dem Schwarzen Brett befinden, so zu gestalten, dass Menschen mit Einschränkungen im Sprach- und Textverständnis selbstständig und selbstbestimmt an diese Informationen gelangen, war die Ausgangsmotivation zur Entwicklung eines elektronisch gestützten Informationssystems in der Werkstatt, das mittlerweile in vielen Einrichtungen der Behindertenhilfe und Altenhilfe selbstbestimmte Information für alle möglich macht.

In dem Beitrag »Barrierefreies Dokumenten-Management-System: Ein preisgekröntes Projekt der Main IT GmbH & Co. KG, der Skanilo GmbH und der Fachhochschule Frankfurt« skizziert **Müller** (Behinderten-Werk Main-Kinzig e. V.) die Entwicklung eines barrierefreien Dokumenten-Management-Systems (DMS), das einer großen Gruppe von Menschen mit unterschiedlichen Behinderungen den Zugang zu interessanten und qualifizierten Arbeitsplätzen innerhalb und außerhalb einer Werkstatt eröffnen kann.

»Das Konzept einer kultursensiblen Arbeitswelt der Berliner Werkstätten für Behinderte GmbH« heißt der Beitrag von **Jansen** und **Can**. Hier wird die interkulturelle Öffnung einer großen Werkstatt mit einem vergleichsweise hohen Anteil von Werkstattbeschäftigten nicht-deutscher Herkunft nachgezeichnet. Unter anderem standen der Abbau von Zugangsbarrieren und Abgrenzungsmechanismen sowie die Sensibilisierung der Haltung des Fachpersonals gegenüber Menschen verschiedener Herkunft im Vordergrund. Die Werkstatt hat sich nun so organisiert, dass Beschäftigte verschiedener kultureller Herkunft gleichermaßen den Prozess der Integration gestalten, ohne dabei ihre kulturellen Eigenständigkeiten zu verlieren. Angesichts des Leitbildes von Inklusion, Verschiedenheit als gleichberechtigte Normalität aufzufassen, ist hier sicherlich auch ein »inklusiver Prozess« abgelaufen.

Mit dem Beitrag »Produktion und Dienstleistung als Chance zur Begegnung im Sozialraum« von **Seibel-Schnell** (Gesellschaft für psychosoziale Einrichtungen, Mainz) schließt sich der Kreis zu den – in diesem Buch nicht im Schwerpunkt behandelten – Öffnungsstrategien einer Werkstatt. Hier wird deutlich, dass eine konsequent verfolgte Dezentralisierung der Werkstatt und die Konzentration auf viele regionale Sozialraumprojekte und -arbeitsplätze enorme Veränderungen der internen Strukturen und Prozesse mit sich bringt. Sich selbst steuernde kleine Einheiten erfordern im Unterschied zur großen Zentralwerkstatt andere Führungs-, Informations-, Kommunikations- und Dokumentationsprozesse sowie veränderte Kompetenzen der Führungskräfte und Mitarbeiter mit und ohne Behinderung.

Das abschließende Round-Table-Gespräch mit drei Werkstattbeschäftigten aus drei unterschiedlichen Münchner Werkstätten zeigt, wie unterschiedlich die Werkstattbeschäftigten selbst ihre Werkstatt sehen und welche ganz verschiedenen Wünsche sie mit der Zukunft der Werkstätten verbinden. Es unterstreicht die Bedeutung einer möglichen Vielfalt zukünftiger Entwicklungspfade von Werkstatt, um individueller Lebensqualität behinderter Menschen wirklich Rechnung tragen zu können.

Wir danken allen Beteiligten, die mit viel Engagement an diesem Buch mitgewirkt haben, und würden uns freuen, wenn das Buch dazu beiträgt, dass sich immer mehr Werkstätten auf den Weg machen, sich einerseits verstärkt nach außen zu öffnen und andererseits selbst die gleichberechtigte Teilhabe ihrer behinderten Mitarbeiter lebendig zu gestalten.

Jochen Walter

Inklusion lässt sich nicht messen

Barbara Brokamp

Die Montag Stiftung Jugend und Gesellschaft engagiert sich seit vielen Jahren dafür, *allen* Menschen, insbesondere benachteiligten Jugendlichen, die gleichberechtigte Teilhabe am gesellschaftlichen Leben zu ermöglichen. In ihrem Engagement für Gegenwartsthemen wie *Inklusion, Ästhetische Bildung* und die *Entwicklung zukunftsfähiger Bildungsräume* geht es darum, den Respekt vor jedem Menschen deutlich werden zu lassen, individuelle Potenziale zu entfalten, soziales Miteinander zu gestalten und dafür Strukturen und Bedingungen zu entwickeln. Dabei geht es auch um eine Kultur, die im alltäglichen praktischen Handeln diese Haltung wirksam werden lässt. (weitere Informationen unter: www.montag-stiftungen.de)

Der Begriff Inklusion und die gesellschaftspolitische Umsetzung werden insbesondere seit der Ratifizierung der UN-Konvention über die Rechte von Menschen mit Behinderungen in Deutschland viel diskutiert und in sehr unterschiedlichen Kontexten in ihrer Relevanz immer deutlicher. Inklusion geht dabei von einem Grundverständnis aus, das in der Umsetzung weitreichende Konsequenzen beinhaltet und etwas anderes ist als »ein bisschen mehr als Integration«.

Bei der Festlegung von Kriterien oder Standards für eine gelungene Inklusion besteht die Gefahr, Inklusion als einen Zustand zu definieren und nicht zu berücksichtigen, dass es sich bei Inklusion *immer um einen Prozess handelt und eher um ein Prinzip geht.* Hilfreicher und angemessener ist es daher danach zu fragen, woran sich inklusive Veränderungsprozesse orientieren, was einen inklusiven Referenzrahmen in Bezug auf den eigenen Handlungsbereich ausmacht und die Vielschichtigkeit dieser Prozesse wahr- und ernst zu nehmen.

Inklusive Veränderungsprozesse lassen sich auf unterschiedliche Bereiche übertragen oder konkretisieren. Keine Organisation oder Institution, die sich an inklusiven Verpflichtungen und Regeln orientiert, wird einer anderen gleichen – dahinter stecken immer die Kultur, die Geschichte, die Vision, die Handlungsvielfalt der in ihr wirkenden Menschen und der sie umgebenden Umwelt. Im folgenden Text werden Anregungen für Herangehensweisen an inklusive Prozesse auch in Werkstätten für sogenannte behinderte Mitarbeiter/innen gegeben.

Was ist Inklusion?

Diversität spiegelt sich in unterschiedlichen Formen in jedem Team, in jeder Organisation und jeder Kommune wider. Nach wie vor werden in unserer Gesellschaft Menschen aufgrund von Zuschreibungen individuell und strukturell benachteiligt, abhängig von ihrer Religionszugehörigkeit, ihrer Hautfarbe, ihrer Kultur, ihrer Herkunft, ihrer physischen oder psychischen Besonderheiten, ihres Geschlechts, ihrer sexuellen Orientierung, ihrer sozialen Stellung, ihres Familienstandes, ihres Alters u.a.. Ausgrenzungsprozesse verhindern ein würdevolles und respektvolles Miteinander und verstellen den Blick auf Ressourcen und Bereicherung durch Vielfalt und Unterschiedlichkeit, die nicht zuletzt auch der jeweiligen Institution oder Kommune nutzt.

Inklusion bedeutet: Niemand wird ausgegrenzt oder von Teilhabe ausgeschlossen, Menschen werden als Individuen wahrgenommen und wertgeschätzt und als gleichberechtigte Gesellschaftsmitglieder anerkannt. Konsequenterweise sind damit Pflichten in verschiedenen Verantwortungsbereichen impliziert. Um die gleichen Rechte aller Menschen zu realisieren, ist es Aufgabe der Gesellschaft, überall Barrieren abzubauen, die eine Teilhabe verhindern. Das geschieht immer auf mehreren Ebenen: *Strukturen* können förderlich oder hinderlich sein, es gilt eine wertschätzende *Kultur* zu entwickeln und in der alltäglichen Gegenwart danach – auch persönlich und individuell – zu *handeln*.

Nachhaltige inklusive Veränderungen sind nur durch partizipative Prozesse zu erwirken. Aktives Mitgestalten fördert nicht nur Selbstwirksamkeit,

Demokratiebewusstsein und Verantwortungsübernahme aller Mitarbeiter/innen in ihrem Wirkungskreis, sondern gewährleistet auch die Berücksichtigung der Bedarfe und Interessen aller und bedeutet letztlich eine Realisierung inklusiver Werte. (vgl. Booth u.a. 2011)

Inklusion als Menschenrecht

In der Allgemeinen Erklärung der Menschenrechte (A/RES/217, UN-Doc. 217/A-(III) vom 10. Dezember 1948 bezieht sich Artikel 1 auf die allgemeine Menschenwürde und lautet:»Alle Menschen sind frei und gleich an Würde und Rechten geboren.« (UN 1948) In der Folge dieser Erklärung sind etliche weiterführende internationale Erklärungen und Dokumente verabschiedet worden, die normative und rechtliche Grundlagen für die Realisierung der allgemeinen Menschenwürde und damit einhergehende Diskriminierungsverbote beinhalten. (vgl. www.institut-fuer-menschenrechte.de) Bestandteil der Vereinbarungen sind in der Regel differenzierte Ausführungen zur verbindlichen Umsetzung.

Folgende Strukturelemente können gut als Voraussetzungen für jegliche inklusive Entwicklungen und Veränderungsprozesse in Werkstätten für sogenannte behinderte Mitarbeiter/innen wie auch in anderen Einrichtungen und Institutionen gelten. Sie wurden als staatliche Verpflichtung zur Realisierung des Menschenrechts auf Bildung im General Comment No. 13 zum Internationalen Sozialpakt (Implementation of the International Convenant on Economic, Social and Cultural Rights; s.o.) genannt und werden hier in einem einfachen Schema abgebildet. Die vier Strukturelemente, nach ihren ursprünglich englischen Bezeichnungen »4-A-Scheme« genannt, weisen Regierungen darauf hin, Bildung available (verfügbar), accessable (zugänglich), acceptable (annehmbar) und adaptable (anpassungsfähig) zu gestalten (vgl. Motakef 2006 nach Platte 2012), sind aber gut übertragbar auf Einrichtungen und Institutionen mit anderen Aufgaben und Wirkungsbereichen.

Availability: Übersetzt mit *Allgemeiner Verfügbarkeit,* bedeutet im Bildungskontext zum Beispiel, dass ausreichend funktionsfähige Schulen mit ausgebildeten Lehrkräften und Materialien vorhanden sind. In anderen Organisationszusammenhängen sind es andere Grundlagen wie zum Beispiel Arbeitsplätze, Ausbildungsplätze etc. Gemeinsam kann überlegt werden: Was sollte allgemein verfügbar sein? Und was bedeutet allgemeine Verfügbarkeit genau?

Access: Hier geht es um diskriminierungsfreien *Zugang und Erreichbarkeit* zu Bildung insbesondere für benachteiligte Gruppen. Dazu gehört bauliche Barrierefreiheit als Voraussetzung für physischen Zugang ebenso wie der wirtschaftliche Zugang. Für Bauten ergibt sich aus diesem Strukturelement die klare Forderung nach der Schaffung von Voraussetzungen für barrierefreie Begehbarkeit einer Einrichtung. Weiterhin kann es den Transport zu Einrichtung bedeuten, den mentalen und kulturellen Zugang (leichte Sprache, verständliche Symbole etc.) und es kann auch den Zugang zu bestimmten Personen bedeuten.

Acceptability: Über die Erreichbarkeit hinaus zeigt sich Qualität in Bildung durch die *Annehmbarkeit* von Form und Inhalt. Diese sollen sich an den Lebenslagen der Kinder und Jugendlichen orientieren und relevant, kulturell angemessen und hochwertig sein. Übertragen auf andere Bereiche kann es auch um annehmbare Produkte, Regeln, Kulturangebote etc. handeln.

Adaptability: Über Annehmbarkeit hinaus geht die Forderung, Bildung müsse *anschlussfähig an sich verändernde* Gesellschaften und Gemeinwesen sein und Anpassung ermöglichen. Für Bauten bedeutet das zum Beispiel vor allem auch Flexibilität in der Gestaltung von Räumen, Gebäuden, Hof, Garten, Gelände. Für andere Bereiche bedeutet es vor allem eine ständige Vergewisserung der Angemessenheit der Veränderungen und das bewusste Wahrnehmen von kulturellen und gesellschaftlichen Wandlungsprozessen.

Die genannten Strukturelemente können helfen, für die eigene Institution oder den Wirkungsbereich jeweils passende Kriterien zu entwickeln.

Mit der Verabschiedung der UN-Konvention zur Umsetzung der Rechte der Menschen mit Behinderungen und der Ratifizierung durch Deutschland (2009) werden an Bund, Länder und Kommunen sowie Verbände, Träger der Sozialen Arbeit und Bildungseinrichtungen verpflichtende Auflagen beschrieben, die verdeutlichen, dass es sowohl um Strukturveränderungen geht, als auch kulturelle und Veränderungen im Alltagshandeln erforderlich sind.

So hat das Land Nordrhein-Westfalen im Juli 2012 einen Aktionsplan zur Umsetzung der UN-Behindertenrechtskonvention vorgelegt, der all diese Ebenen berücksichtigt. Auch zum Bereich Werkstatt für behinderte Menschen werden ausführliche Überlegungen und Festlegungen auf allen Ebenen dargestellt. (vgl. Land NRW (Hg) 2012, S. 122 ff.) Hier gilt es zu überprüfen, inwieweit die eigene Kommune, das eigene Bundesland bereits solche Aktionspläne / Inklusionspläne entwickelt hat, inwieweit Partizipation und Transparenz gewährleistet wurden und der Gedanke der Inklusion ernsthaft Leitidee ist, die in ihrem jeweiligen Geltungsbereich auch die WfbM verpflichtet, in diesem Sinne zu handeln und sich zu verändern.

Der kommunale Index für Inklusion

Positive Erfahrungen aus einem Projekt, in dem die Montag Stiftung Jugend und Gesellschaft seit etlichen Jahren Bildungseinrichtungen in ihren Veränderungsprozessen mithilfe des Index für Inklusion (Booth 2002; Boban/ Hinz 2003) unterstützt, haben wesentlich dazu beigetragen, einen kommunalen Index für Inklusion zu entwickeln und anzuwenden.

Grundlage sind Überlegungen, inklusive Werte umzusetzen, wie Tony Booth es in der aktuellen Fassung des schulischen Index für Inklusion (Booth 2011) formuliert. Er spricht von Werten wie »Gemeinschaft, Rechte, Wertschätzung von Vielfalt, Hoffnung/Optimismus, Ehrlichkeit …« und viele weitere (vgl. Reich 2012, S. 187 ff.) Sie können gut als Filter oder »inklusive Brille« benutzt werden, um Aspekte der eigenen Organisation zu reflektieren.

Inspiriert durch die Erfahrungen mit dem schulischen Index und angeregt durch die Veröffentlichung einer kleinen Gemeinde im britischen Suffolk (vgl. McDonald/ Olley 2002) entwickelte die Montag Stiftung Jugend und Gesellschaft schließlich in enger Zusammenarbeit mit einigen Kommunen im deutschsprachigen Raum das Praxishandbuch: *Inklusion vor Ort – Der kommunale Index für Inklusion* (Montag Stiftung Jugend und Gesellschaft, 2011). In ihm wird eine Kommune nicht nur als lokale Verwaltungseinheit, sondern im Sinne einer großen Gemeinschaft verstanden, in der viele Menschen in unterschiedlichen Lebens- und Arbeitszusammenhängen miteinander verbunden sind. Sie gestalten das Leben vor Ort u.a. als Nachbarn, Familienmitglieder, Eltern, Kinder und Jugendliche, als Nutzer/innen bestehender kommunaler Angebote, als Mitarbeiter/innen und Führungskräfte in Einrichtungen, Verantwortliche in der Verwaltung, politische Interessensvertreter/innen, als Mitarbeiter/innen in Gremien und Initiativen. Eine Kommune bedeutet gleichzeitig eine Vielzahl unterschiedlicher Einrichtungen und Organisationen: Freie und gemeinnützige Organisationen, Verbände, Vereine, Zivilgesellschaftliche Organisationen, Kirchen, Bildungs- und kulturelle Einrichtungen, Unternehmen und Betriebe, zu denen auch die Werkstätten für behinderte Menschen zu zählen sind sowie Einrichtungen der kommunalen Selbstverwaltung und vieles mehr. (vgl. Lawrenz 2011)

Das Handbuch soll Kommunen und damit jede genannte Einrichtung dabei unterstützen, unter aktiver Beteiligung aller Interessengruppen Veränderungsprozesse orientiert an der Leitidee Inklusion zu initiieren und gestalten. Kern dieses Handbuches sind über 500 Fragen, die auf verschiedenen Ebenen wirksam werden können: sie dienen der Selbstreflexion auf individueller Ebene genauso wie bei der Betrachtung eines Systems mit allen seinen Facetten, sie reflektieren Vernetzungsprozesse und helfen bei der globalen Verortung. Es geht immer um den Fokus der Inklusion: Wo erlebe ich oder wo erleben wir Ausgrenzung und Barrieren? Wo tragen wir selber dazu bei, wo entdecken wir Ressourcen, Potenziale und wo können sie wirksam werden?

Die Fragen umfassen drei große Bereiche, die unterschiedliche Perspektiven und Handlungsebenen in einer Kommune abbilden:

Unsere Kommune als Wohn- und Lebensort

In diesem Fragenteil geht es um die Perspektive des einzelnen Menschen in seinem unmittelbaren Lebensumfeld: Es geht um die Themen Wohnen, Versorgung, Mobilität, Arbeit und Umwelt, und auch um Wertvorstellungen, die inklusivem Handeln entsprechen.

Beispiel: Gibt es Informationen und Auskunftsstellen zu Bildungsangeboten, die für alle zugänglich sind? (Montag Stiftung Jugend und Gesellschaft 2011, S. 53)

Beispiel: Gibt es Vereine und Angebote für Sport und Freizeit, die allen Menschen offenstehen? (ebd., S. 56)

Inklusive Entwicklung unserer Organisation

Dieser Teil bildet die Perspektive der Menschen in einer Organisation ab: als Teil einer öffentlichen (oder auch privaten) Einrichtung, die sich inklusiv entwickeln will. »Organisation« wird dabei als Oberbegriff verwendet: Die Fragen richten sich an alle Mitwirkenden und Mitarbeiter/innen in freien und gemeinnützigen Einrichtungen, Verbänden, Vereinen, Initiativen, Zivilgesellschaftlichen Organisationen (ZGO), Kirchen, Bildungseinrichtungen und Unternehmen sowie Einrichtungen der kommunalen Selbstverwaltung. Hier lassen sich viele Anknüpfungspunkte für die Reflexion in der Weiterentwicklung der WfbM finden.

Beispiel: Werden Mitarbeiter/innen ermutigt, sich neue Aufgaben zuzutrauen? (ebd., S. 67)

Beispiel: Fühlen sich alle Stellen, Abteilungen und Mitarbeiter/innen gemeinsam verantwortlich, eine inklusive Kultur zu entwickeln? (ebd., S. 62)

Kooperation und Vernetzung in unserer Kommune

Dieser Teil bildet die Perspektive von Menschen ab, die sich auf Kooperation und Vernetzung auf lokaler und regionaler Ebene beziehen: Netzwerke schaffen, in Verantwortungsgemeinschaften zusammenarbeiten, sich auf gemeinsame Ziele einigen, Verständigungs- und Entscheidungsprozesse auf kommunaler Ebene realisieren.

Beispiel: Wird in Kooperationssituationen darauf geachtet, dass verschiedene

Gruppen und Partnerorganisationen beteiligt sind, damit möglichst viele Interessen repräsentiert sind? (ebd., S. 109)

Beispiel: Ist das Ziel, eine inklusive Kultur aufzubauen, allen wichtig? (ebd., S. 105)

Fragen befragen

In den vielen Fragen finden sich zahlreiche Aspekte wieder. Mit ihnen kann sehr unterschiedlich gearbeitet werden. Fragen haben hier eine besondere Bedeutung.

Auf den ersten Blick lassen sich die Fragen mit Ja oder Nein beantworten – doch der erste Blick täuscht: Es sind Fragen, die – werden sie im Sinne einer dialogischen Verständigung und mit dem Ringen um gemeinsames Handeln gestellt und angenommen –, sofort auf eigene Erfahrungen, auf die eigene Person und Situation, die eigene Organisation (Team, Leitung, Unternehmen etc.) und die Lebensbedingungen in der Gemeinschaft bezogen sind. Mit den Index-Fragen arbeiten heißt, sich selbst zu reflektieren, das eigene Denken und Handeln zu überprüfen; es heißt, sich mit anderen auszutauschen, die Neugierde auf andere Meinungen und Sichtweisen sowie die Vielfalt von Erfahrungen und Wissen zu entdecken und zu nutzen. Dabei geht es nicht um »richtige« Antworten, sondern um den offenen Dialog. Indem man lernt, unterschiedliche Erfahrungen und Perspektiven wertzuschätzen und auf dieser Grundlage Ideen für Verbesserungen zu entwickeln, entstehen innere Teilhabe, Solidarität und Verbundenheit sowie Verantwortungsübernahme und damit »wirkliche« Partizipation. (vgl. Brokamp 2011)

Der konkrete Umgang mit den Fragen hängt von den jeweiligen Kontexten ab. Ob Diskussionen, kreative Methoden, Interviews, große oder kleine Versammlungen, Fotowände, leichte Sprache oder Chats – wichtig sind das Ernstnehmen unterschiedlicher Perspektiven und transparente Vorgehensweisen. In dem Praxishandbuch werden Empfehlungen für Vorgehensweisen in Veränderungsprozessen und zahlreiche Methoden zur konkreten Umsetzung und Anwendung beschrieben. Dargestellte Beispiele der beteiligten Gemeinden spiegeln Erfahrungen konkreter Arbeit mit den Fragen und Gestaltungen von Veränderungsprozessen wider.

Für die eigene Institution wie hier die WfbM können mithilfe der Fragen Verbesserungspotenziale identifiziert und erste, realisierbare Schritte zeitnah umgesetzt werden. Gleichzeitig besteht durch die Auseinandersetzung der verschiedenen Einrichtungen in einer Gemeinde oder einer Region mit dem Handbuch *Inklusion vor Ort. Der kommunale Index für Inklusion* die Chance für organisationsübergreifende Aktivitäten auf kommunaler Ebene und damit für Synergieeffekte. Das Thema Inklusion rückt stärker in die Öffentlichkeit und in das gesellschaftliche Bewusstsein. Die Wertschätzung von Unterschiedlichkeit trägt dazu bei, dass die Menschen sich in der Gemeinschaft zueinander orientieren können.

Besondere Herausforderungen für Führungskräfte

Wenn es darum geht, mit einer inklusiven Orientierung über mögliche Veränderungsprozesse von Werkstätten oder gar Transformationsprozesse von einer WfbM als Sondereinrichtung in Richtung einer Neuorientierung in eine sich entwickelnde inklusive Gesellschaft nachzudenken, ist es spannend, sich einige Aspekte der besonderen Rolle der Führungskräfte zu betrachten.

Es wurde bereits betont, dass inklusive Veränderungsprozesse nur gelingen können, wenn auf allen Ebenen Verantwortung für deren Gestaltung übernommen wird. Weder die Haltung: »Die (sog.) Entscheidungsträger sind verantwortlich …« , »nur wenn ausreichend Ressourcen zur Verfügung gestellt werden, können wir über inklusive Veränderungsprozesse nachdenken« noch die Haltung »Inklusion findet konkret an der Basis, in der Praxis statt. Wir sagen denen, wie es geht …« tragen zu einem wirklichen inklusiven Gestalten bei.

Verantwortungsübernahme heißt für jedes Gesellschaftsmitglied in seiner Rolle und Funktion die machbaren Dinge auch zu tun. Auf jeder Ebene gilt es, Strukturen, Kulturen und Praktiken zu hinterfragen und zu verändern – ob mit einer Kollegin in der Werkstatt oder der Abteilungsleiterin – die zahlreichen Anregungen in dem oben genannten Buch und die vielen Fragen bieten viele Anlässe für einen Start.

Als Führungskraft bedeutet das, maßgeblich eine solche Kultur des Miteinanders und der gegenseitigen Wertschätzung zu ermöglichen, Mitglieder zu ermächtigen, zu befähigen und zu motivieren aus einer solchen Haltung heraus zu agieren. Dabei helfen Strukturen und konkrete transparente und kontrollierbare Maßnahmen, die partizipativ entwickelt werden. So kann in Mitarbeiterbesprechungen Zeit für »Indexfragen« zur Verfügung gestellt werden. Veränderungsideen brauchen Raum und Know-how für Realisierungen, da können externe Moderator/inn/en oder Berater/innen eine gute Hilfestellung bieten.

Die Widersprüche zwischen (noch) vorhandenen aussondernden Strukturen wie in WfbM und beginnenden inklusiven Entwicklungsprozessen in vielen Kommunen sind kein Grund zum Zögern. Das Aushalten und Gestalten von Widersprüchen ist alltägliches Handeln in demokratischen Zusammenhängen. Größere Partizipation, Selbstwirksamkeitserfahrungen und erlebte Wertschätzung von allen Werkstattangehörigen sind wichtige Grundlagen für inklusive Veränderungsprozesse. Es wird immer wieder neue Widersprüche geben, die beim vermeintlichen Aufheben bereits wiederum neue generieren. Die Lösungen von heute schaffen neue Herausforderungen von morgen. So gestaltet sich insbesondere für Führungskräfte der Umgang mit Widersprüchen als beispielhaftes Handeln, damit alle Mitarbeiter/innen motiviert und mutig mitgestalten können.

Schlussfolgerungen

Das Menschenrecht Inklusion ist keine beliebige aufschiebbare Maßnahme. Die verpflichtende Umsetzung in den WfbM ist wie in allen Institutionen und Einrichtungen unserer Gesellschaft überall an der Tagesordnung. Kriterien für die Umsetzung der Menschenreche (die vier As) bieten Hilfestellungen und Hinweise für an Inklusion orientierte Veränderungsprozesse und können gut konkretisiert werden. Übertragen auf die eigene Einrichtung lassen sich Indikatoren entwickeln, die jedoch das prozesshafte, flexible und transparente Vorgehen immer mitdenken. Das heißt, dass jede Werkstatt andere Prioritäten setzen wird. Normative und gesetzliche Grundlagen bieten einen guten Rückenwind, diese Prozesse zielorientiert, systematisch und partizipatoiv anzugehen. Werkstätten sind Betriebe, die als »ganz normale« Betriebe des ersten Arbeitsmarktes wahrgenommen werden wollen und die durch die Auseinandersetzung mit inklusiven Fragestellungen selber dazu beitragen können, dass dieses selbstverständlich wird. Es geht eben nicht darum, als etwas Besonderes wahrgenommen zu werden. In einer Diskussion mit Mitarbeiter/innen einer großen Werkstatt in einem Wohngebiet wurde sehr plakativ nach einem besucherschwachen »Tag der Offenen Tür« geäußert: »Wie sind wir bloß auf die Idee gekommen, dass uns Leute aus dem Wohngebiet besuchen – das machen sie bei keinem anderen Betrieb ..., warum sollten sie das bei uns tun?!«

Mit den Fragen aus dem Kommunalen Index können kleine und große Prozesse in Werkstätten jederzeit und überall angegangen werden – auf welcher Ebene auch immer. Sie enthalten Qualitätsaussagen, die für die eigene Einichtung konkretisiert werden können – auf struktureller, kultureller und praktischer Ebene. Sie werden sich unterschiedlich gestalten, an keine allgemeingültige Messlatte anlegen lassen. Grundlage sind inklusive Werte, die je nach Situation gelebt und realisiert werden. In diesem Sinne lässt sich Inklusion nicht messen, die Kriterien zur Bewertung verändern sich im Prozess ständig.

Literatur:

Boban, Ines / Hinz, Andreas (Hg.) (2003): Index für Inklusion. Lernen und Teilhabe in der Schule für alle entwickeln. Martin-Luther-Universität Halle-Wittenberg.

Booth, Tony / Ainscow, Mel (2002): Index for Inclusion. Developing Learning and Participation in Schools. Bristol: Centre for Studies on Inclusive Education (CSIE)

Booth, Tony / Ainscow, Mel (2011): Index for Inclusion. Developing Learning and Participation in Schools (Third edition and substantially revised and expanded). Bristol: Centre for Studies on Inclusive Education (CSIE)

Brokamp, Barbara (2011): Ein Kommunaler Index für Inklusion – oder: Wie können sinnvoll kommunale Entwicklungsprozesse unterstützt werden? In: Flieger, Petra / Schönwiese, Volker (Hg.): Menschenrechte – Integration – Inklusion. Bad Heilbrunn

Deutsches Institut für Menschenrechte http://www.institut-fuer-menschenrechte. de/de/themen/entwicklungspolitik/oft-gestellte-fragen/frage-11-wie-kann-man-bewerten-ob-menschenrechtliche-verpflichtungen-umgesetzt-wurden.html (22.07.12)

Deutsches Rotes Kreuz (Hg.) (2012): Inklusive Schule – Beiträge der Jugendsozialarbeit. Handreichung. Berlin

Lawrenz, Wiebke (2011): Die Verantwortung für die Entwicklung eines inklusiven Gemeinwesens – Der Kommunale Index für Inklusion. In: Friedrich-Ebert-Stiftung, Landesbüro Sachsen-Anhalt (Hg.): Zukunftsfrage Inklusion. Wortmeldungen aus Wissenschaft und Praxis.

Land NRW (Hg.) (2012): Aktionsplan zur Umsetzung der UN-Behindertenkonvention. Düsseldorf

McDonald, Vincent / Olley, Debbie (2002): Aspiring to Inclusion. A handbook for councils and other organisations. Developed from the Index for Inclusion by T. Booth & M. Ainscow. Suffolk County Council.

Montag Stiftung Jugend und Gesellschaft (Hg.) (2011): Inklusion vor Ort – Der kommunale Index für Inklusion – ein Praxishandbuch. Berlin. (http://www.montag-stiftungen.de/jugend-und-gesellschaft/projekte-jugend-gesellschaft/projektbereich-inklusion.html)

Motakef, Mona (2006): Das Menschenrecht auf Bildung und der Schutz vor Diskriminierung. Eine Studie über Exklusionsrisiken und Inklusionschancen im deutschen Bildungssystem. Berlin: Deutsches Institut für Menschenrechte

Platte, Andrea (2012) (bisher unveröfftl. Manuskript): Inklusive Bildung als internationale Leitidee und pädagogische Herausforderung. In Balz, Hans-Jürgen / Benz, Benjamin / Kuhlmann, Carola (Hg.) (vorauss. 2012): Soziale Inklusion. Grundlagen, Strategie und Projekte in der Sozialen Arbeit

Reich, K. (Hg.) (2012): Inklusion und Bildungsgerechtigkeit. Standards und Regeln zur Umsetzung einer inklusiven Schule. Weinheim/ Basel

UNITED Nations (1948): Die Allgemeine Erklärung der Menschenrechte. Die Resolution der UN-Generalsversammlung Un-Doc. 217/A.(III), 10. Dezember 1948. In: Informationen der GFPA Nr. 58, September 1998

Barbara Brokamp verantwortet in der Montag Stiftung Jugend und Gesellschaft, Bonn, den Bereich Inklusion.

Keine zusätzliche Aussonderung: Zusammenarbeit von Menschen unterschiedlicher Einschränkungen

alsterarbeit ggmbH Hamburg

Mit Gründung des Bereiches »alsterarbeit« in der Evangelischen Stiftung Alsterdorf (ESA) in Hamburg im Jahr 2000 wurde die klassische Hauptwerkstatt der Alsterdorfer Werkstätten für geistig Behinderte und Zweigwerkstatt für psychisch Erkrankte in ihrer bisherigen Arbeitsweise schrittweise aufgelöst und durch dezentral agierende, integriert arbeitende Betriebsstätten abgelöst.

Das hier beschriebene Konzept der integriert arbeitenden Betriebsstätten in alsterarbeit ermöglicht Menschen mit und ohne Behinderung gemeinsame Arbeit, Beschäftigung und Qualifizierung. Den Menschen mit einer Behinderung bietet dieses Konzept einen niedrigschwelligen Zugang, unabhängig von Art, Grad und Schwere der Behinderung zu arbeitsweltlichen Kontexten.

Orientiert an den Fähigkeiten und Kompetenzen, erhalten die Mitarbeitenden je nach individuellem Bedarf Assistenz, um ein individuelles Optimum an Wertschöpfung zu erreichen.

Die Assistenzstruktur in den Betriebsstätten ist individuell ausgerichtet und strukturiert sich über die jeweilige Maßnahmeform, insbesondere zur Teilhabe am Arbeitsleben.

Mit möglichst heterogenen »Belegschaften« arbeitet alsterarbeit seit 2005 als gemeinnützige GmbH in seinen zwölf Betriebsstätten und einem Integrationsbetrieb mit insgesamt 42 Gewerken an 32 Standorten im gesamten Hamburger Stadtgebiet und in der Metropolregion.

Unser Ziel ist dabei nicht die klassische »inklusive Werkstatt« zu erreichen, sondern inklusionsfördernde arbeitsweltliche Kontexte, die sich in üblichen betrieblichen Strukturen realisieren, in denen Menschen mit und ohne Behinderung zusammenarbeiten können, die von alsterarbeit bewirtschaftet und um externe Kooperationspartner aus der (Sozial-)Wirtschaft mit Gruppen- bzw. Einzelarbeitsplätzen für Menschen mit Handicaps und Assistenzbedarf ergänzt werden.

Das heißt für uns:

– Arbeiten und qualifiziert werden – so normal wie möglich, mit so viel Assistenz wie nötig – strukturiert und realisiert mit den zur Verfügung stehenden Maßnahmeformen zur Teilhabe am Arbeitsleben, zur Arbeitsförderung und zum Leben in der Gemeinschaft

– Für jeden Menschen mit Behinderung, unabhängig von der Art und Schwere seiner Behinderung

– Verzicht auf plakative »Besonderung«

– So viel normale Firma / Betrieb / Unternehmen wie möglich

Entstehungsgeschichte

Die Evangelische Stiftung Alsterdorf, heutiger alleiniger Gesellschafter der alsterarbeit gGmbH, stand Mitte der 1990er-Jahre vor wirtschaftlich und konzeptionell einschneidenden Herausforderungen. Die zu diesem Zeitpunkt »umfirmierten« »Alsterdorfer Anstalten« – eine Hamburger Institution seit 1856, hatten sich zwar auf den Weg gemacht, um das rückständige »Anstaltsleben« seiner Bewohner und Bewohnerinnen – in der Regel Menschen mit einer geistigen und (schwerst-)mehrfachen Behinderung – langsam zu modernisieren und bisher als Großheim strukturierte Wohn- und Assistenzangebote aus den Anstaltsmauern heraus in die Stadt zu verlagern. Die zunehmende wirtschaftliche Schieflage machte die Evangelische Stiftung Alsterdorf aber dann zum Sanierungsfall.

Mit einem Bündnis für Investition und Beschäftigung zwischen Stiftungsleitung und Mitarbeiterschaft wurde mit erheblichen öffentlichen und kirchlichen Mitteln ein wirtschaftlicher und fachlich konzeptioneller Neuanfang realisiert:

Das ehemalige Anstaltsgelände, mitten in der Stadt, ist aufgelöst. Die letzten Großwohnheime sind abgerissen. Fast alle ehemaligen Bewohner und Bewohnerinnen in diesen Wohnformen sind in Wohnungen und betreute Wohngemeinschaften in die verschiedenen Bezirke der Stadt gezogen. Der Alsterdorfer Markt (www.alsterdorfermarkt.de) ist ein neues Stadtteilzentrum für die Bürgerinnen und Bürger mit und ohne Behinderung geworden.

Ein wichtiger Aspekt dieser Neuausrichtung betraf auch das Feld der innovativen und modernen Weiterentwicklung von arbeitsweltlichen Kontexten für Menschen mit Behinderung.

Unsere Ausgangsfrage im Jahr 1999 lautete: Wie sieht adäquate Arbeit für Menschen mit Behinderung unter dem Aspekt des Paradigmenwechsels mit den Leitbegriffen Normalisierung, Subjektorientierung, Selbstbestimmung und Teilhabe aus?

In den Alsterdorfer Werkstätten gab es neben Haupt- und Zweigwerkstatt, einer Gärtnerei und einem Werkstattladen vor allem einen stark ausgebauten »Dienstleistungsbereich« in den Wohnangeboten der Stiftung. Hier waren und sind eine Vielzahl von WfbM-Beschäftigten als ehemalige »Gruppenhelfer« – inzwischen als hauswirtschaftliche Servicekräfte in den dezentralen Wohnangeboten – tätig.

Für die vielen Stiftungsbewohner mit schwerst-mehrfachen Behinderungen war es während der Sanierungsphase Mitte der 90er-Jahre gelungen, ein bisher unregelmäßiges, stundenweises beschäftigungstherapeutisches Angebot mit dem Aufbau eines regelhaften Förderangebotes in Tagesförderstätten mit verlässlichen Halb- und Ganztagsangeboten zu schaffen.

Mit dem Auftrag des Vorstands der ESA zur Erarbeitung eines modernen Konzeptes zur Zukunft der beruflichen Eingliederung für Menschen mit Behinderung wurde der Geschäftsbereich »alsterarbeit« konzipiert und zum Jahresbeginn 2000 mit dessen Umsetzung begonnen.

Teilhabe am Arbeitsleben für alle

Das »alsterarbeit«-Konzept wurde in einer Phase des dynamischen Wandels in der Landschaft der Behindertenhilfe realisiert. Veränderte gesetzliche Rahmenbedingungen, Wechsel der Paradigmen in der Behindertenhilfe,

Öffnung des Marktes für soziale und rehabilitative Dienstleistungen waren Schlaglichter einer Entwicklung, die von fachpolitischer Seite in Hamburg, flankiert von gesellschaftspolitischen und gesetzgeberischen Veränderungen, eingeleitet wurde, um das Ziel zu erreichen: *»selbstbestimmtes und unabhängiges Leben zu ermöglichen, Integration und Teilhabe am gesellschaftlichen Leben zu organisieren sowie Hilfe vor Ort zu leisten«* (Bericht zur Entwicklung der sozialen und beruflichen Rehabilitation in Hamburg, 1999).

Seit Gründung des Geschäftsbereichs entwickeln wir Betriebsstätten und Standorte mit unterschiedlichen Gewerken und separieren Beschäftigte (Mitarbeitende mit einem Handicap und Assistenzbedarf) nicht nach Zielgruppen und Maßnahmeformen (EV, BBB, AB, SBS, Tafö), auch nicht im Bereich der »ausgelagerten Werkstattarbeitsplätze«. Ein potenzieller Beschäftigter kann in allen Tätigkeitsfeldern arbeiten. Der dazu nötige Assistenzbedarf wird ermittelt und bereitgestellt. alsterarbeit gestaltet die dafür notwendigen Rahmenbedingungen und Strukturen für die Beschäftigten mit fachlicher Kreativität so, dass dieser Anspruch verwirklicht werden kann.

Im Jahr 2000 wurde alsterarbeit als neuer Bereich der Evangelischen Stiftung Alsterdorf gegründet. Der Teilbereich »Tagesförderstätten Alsterdorf« und die Alsterdorfer Werkstätten gingen in diesem neuen Bereich auf. Ein sehr umfassender Organisationsentwicklungs- und Personalentwicklungsprozess wurde eingeleitet. Mit Unterstützung von externen Organisationsentwicklern und Moderatoren wurden in Klein- und Großgruppenprozessen die Grundlagen für neue, dezentrale und integriert arbeitende Betriebsstätten geschaffen.

Durch Umwandlung bestehender Einrichtungsteile, Aufgabe von nicht mehr geeigneten Nutzflächen, Umbau von bestehenden Gebäuden und Neuanmietung von sanierten bzw. neu errichteten Gebäuden und Flächen auf dem Alsterdorfer Campus und in den verschiedenen Bezirken der Stadt entstanden zwischen 2002 und 2009 zwölf Betriebsstätten. Im Jahr 2002 wurde ein bestehender Integrationsbetrieb übernommen und im Jahr 2003 ein neuer Integrationsbetrieb (www.haus5service.de) gegründet.

Ziel war es, unsere neue Ausrichtung und Grundhaltung mit betrieblichem Leben zu füllen:

– Niemand kann aufgrund seiner Behinderung von der Teilhabe am Arbeitsleben und damit von einem wesentlichen Teil seiner Teilhabe am Leben in der Gemeinschaft ausgeschlossen werden.
– Alle Menschen können unabhängig von der Art und Schwere ihrer Behinderung am Arbeitsleben teilhaben.
– Wir gestalten die dafür notwendigen Rahmenbedingungen und Strukturen für unsere Beschäftigten und Mitarbeitenden mit fachlicher Kreativität so, dass dieser Anspruch verwirklicht werden kann.

Unsere wichtigsten Ziele:

– Schaffung und Ausbau einer dezentralen, kommunalen Vielfalt von Arbeits-, Beschäftigungs- und Bildungsangeboten
– Ausbau der Präsenz in den Hamburger Bezirken
– Bessere Vernetzung der bestehenden Angebotsformen im Bereich der beruflichen Eingliederung für Menschen mit Behinderung in Hamburg
– Einführung bzw. Weiterentwicklung der »integrierten Betriebsstätten-Struktur«

Dies bedeutete konkret:

– Keine »Hauptwerkstatt«, »Zweigwerkstätten« und klassische Tagesförderstätten mehr ab dem 1. Juni 2002
– Übertragung der operativen Ergebnis- und Fachverantwortung auf die Betriebsstättenleitungen
– Kommunale Vernetzung und Weiterentwicklung bedarfsgerechter Angebote
– Aufbau eigenständiger Betriebsstättenbudgets
– Personelle Veränderungen und Personalentwicklungsmaßnahmen
– Aufbau einer neuen Führungsstruktur.

Verzicht auf plakative Besonderung – so viel »normale Firma« wie möglich

Als wir 1999 diesen Satz in unser Konzept schrieben, konnten wir nicht ahnen, dass er uns in der aktuell geführten Inklusionsdebatte, zwölf Jahre später, wieder einholen würde.

Werkstätten für behinderte Menschen werden in der aktuellen Inklusionsdebatte gern als Sondereinrichtung in einem Sonderarbeitsmarkt dargestellt. Zum Beispiel in dem taz-Artikel vom 3. Februar 2012 unter dem Titel *»Von wegen Inklusion. Einmal Werkstatt, immer Werkstatt«* u.v.a.m.

Vor zwölf Jahren ging es uns darum, angeregt durch deutliche Äußerungen unserer mitarbeitenden Menschen mit Handicap und durch Besuche und Diskussionen in den Niederlanden, Großbritannien und Dänemark, für alle Mitarbeitenden betriebliche Strukturen – so normal wie möglich – einzuführen. Dies bedeutete: Die Beschilderung unserer Gebäude, Fahrzeuge und aller anderen Kommunikationsmittel folgt nicht mehr der Maßnahmeform (WfbM / BBB / Tagesförderstätte etc.), sondern Begrifflichkeiten, die wir aus dem »normalen« (Wirtschafts-)Leben kennen.

Das Gesamtunternehmen hieß ab 1.1.2000 »alsterarbeit« und die Betriebsstätten entwickelten entsprechende »Firmennamen«, die teilweise schon existierten, zum Beispiel alsterfemo, oder neu erfunden wurden, wie alsterkontec, alsterpaper oder barner 16. Die Hinweise, dass wir mit unseren Fahrzeugen und Bussen behinderte Menschen beförderten entfernten wir ebenso wie sämtliche Hinweise, dass in unseren Gebäuden vor allem Menschen mit Behinderung und Assistenzbedarf arbeiten.

Wir setzen in unseren Betriebsstätten vor allem die Maßnahmeformen der »WfbM« um; sind aber damit keine »klassische Werkstatt« vor Ort, sondern ein sozialwirtschaftlicher Unternehmensteil der alsterarbeit gGmbH. Ein feiner, aber wichtiger Unterschied für alle Beteiligten.

Wir bieten mit unserem Konzept vernetzte und integrierte (Reha-)Leistungs-/Arbeitsangebote für Mitarbeitende in Betriebsstätten:
– Tagesstrukturierende Beschäftigung und basale berufsorientierte Bildung (Tagesförderung/sonstige Beschäftigungsstätte § 75 SGB XII)

- Berufliche Bildung (BBB als Sachbezugsleistung bzw. als Persönliches Budget)
- Assistierte sozialversicherte Arbeit (Arbeitsbereich WfbM als Sachbezugsleistung bzw. Werkstattbudget)
- Sozialversicherte Arbeit als »ZielgruppenmitarbeiterIn« gem. § 132 SGB IX (zurzeit ausschließlich in unserem Integrationsbetrieb Haus 5 Service gGmbH an mehreren Standorten)
- Sozialversicherte Arbeit im Rahmen der Arbeitsförderung (SGB II)
- Sozialversicherte Arbeit als gewerbliche / r Arbeitnehmer / in
- Sozialversicherte Arbeit als »Regiemitarbeitende«
- (Berufs-)Ausbildung für Menschen mit und ohne Behinderung

Für Mitarbeitende als (ambulante) Dienstleistung, zum Beispiel
- durch Vermittlung in andere Unternehmen
- Beratungsdienstleistungen für andere Unternehmen
- Assistenz am Arbeitsplatz
- Assistenz im Rahmen der Qualifizierung

Für Mitarbeitende in Zusammenarbeit mit Netzwerkpartnern aus Handel, Industrie, (Sozial-)Wirtschaft und eine gezielte Zusammenarbeit mit Unternehmen im nachbarschaftlichen Umfeld der Betriebsstätten.

Arbeiten – so normal wir möglich, mit so viel Assistenz wie nötig

Die Herausforderung, das tägliche Arbeitsgeschehen nicht zielgruppenorientiert, sondern gewerkeorientiert und Zielgruppen integrierend zu realisieren, wird in alsterarbeit in den verschiedenen Betriebsstätten und Standorten sehr individuell beantwortet.

Der Künstler *Malte Kaiser,* Schlumper von Beruf und Pressesprecher der Künstler mit Handicap, aus dem Atelier der Schlumper[1] (www.die schlumper.de; Fußnote dazu auf Seite 40) schreibt zum Beispiel:
Bei uns Schlumpern »herrscht« ein liebevolles Miteinander; ich erlebe unser Zusammensein als eine Art »Vorparadies«. Manchmal allerdings ist es wie bei »Asterix und

Malte Kaiser, »o.T.«, 2009, 40 x 40 cm,
Acryl auf Leinwand

Obelix« auf dem Dorf; dann kracht es ganz »heftig«, aber daraufhin verträgt man sich wieder. Wir haben einen guten Häuptling: Rolf Laute; und sehr engagierte Mitarbeiter. Wir werden alle gleich behandelt. Unsere Galeriebesucher und Die Schlumper gehen sehr achtungsvoll miteinander um. Und bei uns kann man preiswert gute Bilder kaufen. Wir alle haben einen ganz starken Drang, malen und zeichnen zu müssen! Ich staune über die Kraft und Fantasie vieler Arbeiten. Van Gogh suchte das »Atelier des Südens«; ich habe das »Atelier des Nordens« gefunden. Ihr seid alle ganz herzlich eingeladen, zu uns zu kommen.

Weitere, integriert arbeitende und inklusiv ausgerichtete Künstlernetzwerke in der Regie von alsterarbeit finden Sie unter www.barner16.de, www.meinedamenundherren.de, www.atelierlichtzeichen.de

Und die Koordinatorin der Maßnahmeform Tagesförderung im Produktions- und Dienstleistungbetrieb »alsterfemo« (in Hamburgs Norden an fünf Standorten), Susanne Bootz, sagt: *In der alsterfemo erleben Beschäftigte unterschiedliche Möglichkeiten der Zusammenarbeit. Sie können unabhängig von der*

---

1 In diesem Atelier- und Galeriebetrieb arbeiten Menschen mit schwerstmehrfachen Behinderungen gemeinsam mit geistig und körperlich behinderten Menschen und Menschen mit einer psychischen Erkrankung künstlerisch zusammen. Im »Zweitatelier Thedestraße« – der Schule der Schlumper – wird diese Zusammenarbeit um Schüler der Grundschule Thedestraße ergänzt. Die Schlumper Künstler gestalten den inklusiven Kunstunterricht mit den Schülern.

Keine zusätzliche Aussonderung

Schwere der Einschränkung in den Gewerken tätig sein, für die sie sich interessieren.

Im Bereich Montage und Verpackung besteht die Möglichkeit, sich an einzelnen Aufträgen zu beteiligen oder diese zu übernehmen. Es kann in einer Arbeitsgruppe zusammengearbeitet werden

oder Teile des Auftrags werden mit in den »eigenen Bereich« genommen und gefertigt wieder zurückgebracht. Es ist gelungen, einem Beschäftigten in der Maßnahmeform »Tagesförderung« mit entsprechender Assistenz einen festen Beschäftigungsplatz in der Schlosserei, neben vielen WfbM-Beschäftigten im Arbeitsbereich der WfbM, einzurichten.

Andere Beschäftigte in der Maßnahmeform »Tagesförderung« arbeiten stundenweise mit Beschäftigten in der Maßnahmeform WfbM-Arbeitsbereich in der Montage und in der Wäscherei zusammen.

Gleiches gilt auch für WfbM-Beschäftigte im Arbeitsbereich: Sie haben auch die Möglichkeit im kunsthandwerklichen Bereich mit vielen Beschäftigten in der Maßnahmeform »Tagesförderung« zum Beispiel Filzprodukte herzustellen.

Auch den Mittagstisch und alle Feste der alsterfemo organisieren wir für alle Beschäftigten gemeinsam, mit entsprechender Assistenz.

Wir erleben täglich, dass durch diese Art der Zusammenarbeit der gegenseitige Respekt und die Anerkennung, auch einzelner Fähigkeiten, wächst und damit auch die Zufriedenheit aller Mitarbeitenden.

Qualifiziert werden – so normal wie möglich, mit so viel Assistenz wie nötig

Mit dem Geschäftsfeld »Personal- und Organisationsentwicklung« für Menschen mit und ohne Handicap versuchen wir einen inklusionsorientierten Ansatz zu realisieren.

Das Geschäftsfeld teilt sich in »Reha-Dienstleistungen« und das »Institut alsterdialog« auf.

Im Teilbereich »Reha-Dienstleistungen« kümmert man sich – neben sozialpädagogischer Personalbetreuung und Karriereplanung der Beschäftigten und der Assistenz in Beschäftigungsformen bei anderen Unternehmen und Kooperationspartnern – schwerpunktmäßig um Qualifizierungs-, Fort- und Weiterbildungsangebote in den Maßnahmeformen Tagesförderung und Berufsbildungs- und Arbeitsbereich der Werkstatt für die Mitarbeitenden mit Handicaps.

Organisiert im »Kompetenzzentrum Bildung und Qualifizierung« (KBQ) bieten wir allen Menschen mit Handicap, die niedrigschwellig an berufliche Bildung herangeführt werden wollen, bzw. die Maßnahmeform Berufsbildungsbereich der WfbM nutzen, dual ausgerichtete, modularisierte Bildungs- und Qualifizierungsangebote. Theorieorientierte Inhalte werden in enger Kooperation zwischen KBQ und Berufsschule, die die Teilnehmer besuchen können, vermittelt. Die praktische Ausbildung und Qualifizierung erfolgt in verschiedenen Betriebsstätten oder bei kooperierenden Unternehmen und Betrieben.

Die Angebote im Rahmen des »Eingangsverfahrens« und der beruflichen Bildung gestalten ihre Struktur bei alsterarbeit grundsätzlich durch die Ziele und Themen der unterschiedlich beteiligten Akteure, sowie durch die vorhandenen Berufsfelder der Betriebe und sind nicht nach Behinderungen oder »Zielgruppen« aufgebaut. (aus: KBQ-Konzept alsterarbeit, Sarah Manteuffel 2011)

In alsterarbeit betreiben wir Personalentwicklung und Karriereplanung für *alle* Mitarbeitenden. Jährlich wiederkehrende Zielfindungsgespräche sind obligatorisch und werden für Mitarbeitende, die Assistenz benötigen, orientiert am Instrumentarium »Qualitativer Entwicklungsdialog« durchgeführt.

Die Aufgabenstellung des »Institut alsterdialog« (www.alsterdialog.de) beschreibt *Kari-Linn Bargfeld*, festangestellte Dozentin im Institut:

Um Inklusionsorientierung in sozialwirtschaftlichen Unternehmen wie bei dem Beschäftigungs- und Werkstattträger alsterarbeit umsetzen zu können, sind Qualifi-

kationsangebote für sehr unterschiedliche Mitarbeitende mit verschiedenen Kompetenzen zu organisieren. Dies sind zuerst die Menschen, die berufliche Rehabilitationsdienstleistungen von alsterarbeit in Anspruch nehmen – also Menschen mit einem Handicap und Assistenzbedarf. Es sind aber auch die Mitarbeitenden, die sich im Bereich der »Assistenz« – als Fachkraft im Rahmen der beruflichen Rehabilitation – weiterbilden möchten. Dieses Angebot haben wir für Mitarbeiterinnen anderer Werkstätten und Werkstattträger geöffnet und bieten hier für den norddeutschen Raum unterschiedlichste Fort- und Weiterbildungsinhalte.

Im Institut alsterdialog finden sich aufgrund einer integriert ausgerichteten Leistungserbringung viele Ansätze für die Qualifizierung, Personalentwicklung und Organisationsberatung vor allem für Werkstatt- und Beschäftigungsträger. Das Institut beschäftigt sowohl Menschen mit und ohne Handicap, um die Aufgaben zu realisieren.

Neben einigen festangestellten DozentInnen und vielen Honorardozenten arbeiten zurzeit zwölf Menschen mit Lernschwierigkeiten oder/und einer psychischen Erkrankung mit Assistenzbedarf im Bereich »Büroservice« oder »Seminarmanagement Service«. Beide Arbeitsbereiche ermöglichen ein auf die individuellen Wünsche und Neigungen zugeschnittenes Arbeitsangebot. Genauso verschieden wie die Wünsche und Neigungen sind auch die durch die verschiedenen Handicaps bedingten Leistungsfähigkeiten der Beschäftigten. Deshalb steht ein Arbeitsspektrum von leichten hauswirtschaftlichen bis hin zu Bürotätigkeiten am PC – oder auch beides im Wechsel – zur Verfügung.

Zusätzlich haben die Beschäftigten in diesen beiden Arbeitsbereichen vielfältige Möglichkeiten der persönlichen und fachlichen Entfaltung. Zur fachlichen Weiterentwicklung können sie an vom Institut angebotenen Lernkursen zu verschiedenen Themen teilnehmen.

Es werden auch Kurse im Kompetenzzentrum Bildung und Qualifizierung, im Teilbereich »Reha-Dienstleistungen«, besucht. Die persönliche Entfaltung erfolgt über größtmögliche Selbstverantwortung in der Arbeit, über eine vorurteilsfreie und lernende Haltung aller und über eine gegenseitige, reflektierte Feedbackkultur. Kurzum: Im Institut alsterdialog arbeiten Menschen mit Handicap und Assistenzbedarf und Menschen ohne Handicap auf Augenhöhe zusammen.

Ausblick

Unser hier vorgestelltes Konzept der integriert arbeitenden Betriebe mit Platz für Mitarbeitende mit und ohne Assistenzbedarf kann ein erster Schritt in Richtung »inklusiver Arbeitsmarkt« sein.

Die Frage, wie wir die Absichten der UN-Behindertenrechtskonvention und den Anspruch von Menschen mit Behinderung im Sinne eines »gleichen Rechts auf Arbeit« weiter nachhaltig befördern können, ist damit aber nicht abschließend befriedigend beantwortet. Viele Herausforderungen bleiben:

Der weitere Ausbau von Platzierungsmöglichkeiten in quartierbezogenen Beschäftigungs- und Arbeitsplätzen im »Betrieb nebenan«, in unterschiedlichsten produktions- und dienstleistungsorientierten Beschäftigungs- und Arbeitsangeboten in Verbänden, (sozial-)wirtschaftlichen Unternehmen, öffentlichen Unternehmen, Kirchengemeinden u.a.

Wohl wissend, dass wir den vielen Nachfragen hier vor Ort nicht komplett gerecht werden können, steht auf unserer Agenda der weitere Ausbau von modernen assistierten Beschäftigungs-, (Berufs-)bildungs-, Qualifizierungs- und Arbeitsplätzen.

Neben der Weiterentwicklung unserer (stadtteil-)integrierten Betriebe mit dem Mix von niedrigschwelligen Beschäftigungsangeboten, Bildungs-, Qualifizierungs- und assistierten Arbeitsangeboten, Angeboten zur Arbeitsförderung und Beschäftigung von Menschen mit Behinderung auf »normalen« Arbeitsplätzen (zum Beispiel mit dem neuen Konzept »Hamburger Budget für Arbeit«) gehört die Schaffung von Rahmenbedingungen für eine kollegiale, wertschätzende Zusammenarbeit von Menschen mit und ohne Behinderung auf gleicher Augenhöhe zu den aktuellen Herausforderungen. Statt der Anpassung behinderter Menschen an die vorhandenen Strukturen ist unsere professionelle Kreativität auch weiterhin gefragt, um »arbeitsweltliche Kontexte« zu ermöglichen, die sich den individuellen (Assistenz-)Bedürfnissen behinderter Menschen anpassen. Wir sind auf dem Weg.

Kurz gefasst

Einrichtung: *alsterarbeit gem. GmbH – Beschäftigungsträger im Verbund der Evangelischen Stiftung Alsterdorf Hamburg*

Zielgruppe: *Menschen mit geistiger, psychischer oder körperlicher Behinderung*

Zahl der Beschäftigten: *1179*

Kontaktdaten: *alsterarbeit gemeinnützige GmbH | Elisabeth-Flügge-Straße 10 | 22337 Hamburg |*
Tel. 040/507 735 50 | Fax 040 / 50773856
E-Mail: r.schulz@alsterarbeit.de | www.alsterarbeit.de |

Kontaktperson und Autor des Beitrags: *Reinhard Schulz*

EINE Werkstatt für ALLE

Die INTEG GmbH Bad Driburg

Der Ideengeber der INTEG, Dr. Hanns Philipzen, leitete die erste psychiatrische Abteilung mit Pflichtversorgung an einem Krankenhaus in Bad Driburg. Er wollte für seine Patienten weg vom System des lebenslangen Wegsperrghettos und glaubte daran, dass psychisch erkrankte Bürger nach einer akuten Erkrankung viel schneller den Weg in die »Normalität« finden, wenn ihnen die Möglichkeit geboten wird, ein geregeltes Arbeitsleben zu führen. Vom damals bereits bestehenden Werkstättensystem wusste Dr. Philipzen genauso wenig wie unser Förderer Heinz Nixdorf – in ihm fand er mit seiner Vorstellung sofort Unterstützung. Nixdorf stellte die nötige Starthilfe zur Verfügung und sorgte für eine bestimmte betriebliche Organisation.

Vier Regeln unterscheiden INTEG von anderen Werkstätten:

1. Menschen mit unterschiedlichen Behinderungen und Einschränkungen arbeiten gemeinsam, nicht nur Menschen mit psychischer Erkrankung.
2. Behinderte und nicht behinderte Menschen arbeiten gleichberechtigt zusammen.
3. Wir sind, wie ein normales Unternehmen, am Markt tätig und weisen keine beschützenden Strukturen auf.
4. Wir zahlen einen leistungsbezogenen Lohn, das »konsumfähige Entgelt«, von dem unsere Beschäftigten existieren können[1].

Heinz Nixdorf machte das Ziel einer hohen Produktivität zur Bedingung für seine Unterstützung. Er wollte nicht, dass INTEG zu stark von der öffentlichen Hand abhängig würde. Mit dieser Vorgabe und der damals noch sehr engen Bindung an die Nixdorf Computer AG begründeten wir unseren Erfolg.

Seit 1975 verwirklicht INTEG das Ideal der Inklusion, wenn auch mit umgekehrten Vorzeichen: Inklusion findet nicht in der offenen Gesellschaft statt, sondern hier in unserer Werkstatt. Menschen mit und ohne Behinderung arbeiten bei uns auf Augenhöhe.

Hatten das die Gründerväter der INTEG GmbH vor 37 Jahren so geplant? – Sicherlich nicht. Damals war der Begriff der Inklusion noch gar nicht im Gespräch. Erst mit der UN-Behindertenkonvention gab es den Anstoß, sich für das Ziel der Inklusion auch und gerade in Werkstätten für behinderten Menschen stark zu machen.

Was zeichnet nun aber die INTEG-Werkstatt aus? Dass es bei uns keine Trennung der Sozialräumen oder der Toiletten gibt? Dass der Geschäftsführer und Werkstattleiter immer von einer Mitarbeitergesamtzahl spricht und nicht, wie sonst üblich, behinderte Beschäftigte und Angestellte gesondert aufführt? Oder ist es vielmehr das Gefühl, einfach Teil eines Ganzen zu sein und gemeinsam am Erfolg des Unternehmens mitzuwirken und das an jedem Platz und in jeder Position des Unternehmens?

Inklusion hat das Gefühl der Zugehörigkeit zum Ziel. Bei der INTEG GmbH gab es noch nie ein anderes Gefühl, was das Miteinanderarbeiten besser beschreibt.

1 Das bundesdeutsche Werkstättensystem basiert dagegen auf dem Normalisierungsprinzip und dem Prinzip des lebenslangen Förderns. Ihm liegt ein pädagogisch orientierter Ansatz zugrunde. Entsprechend haben sich die heutigen Werkstätten nur mühsam vom Charakter der Beschützenden Werkstätten befreien können. Der Durchschnittslohn bei INTEG liegt heute bei 570 Euro, in anderen Werkstätten liegt er bei 180 Euro.

Neben dem kostensatzfinanzierten Personal von Leistungsträgern arbeitet bei uns ein hoher Anteil an gewerblichen Mitarbeitern. Sie sind neben unserem pädagogisch geschulten Personal eine der Säulen des »Unternehmens INTEG«. Hier sind Spezialisten im Vertrieb, im Einkauf, in der Arbeitsvorbereitung, in der Projektplanung und nicht zuletzt in der Fertigung tätig. Diese Unternehmensbereiche hat die Werkstättenverordnung nicht bedacht, sie bilden in vielen »traditioneller« Werkstätten die Achillesferse.

Das ganz Besondere am Unternehmen INTEG ist jedoch das gelebte Gleichheitsprinzip:

– Betriebliche Vorgaben gelten für alle Beschäftigten gleichermaßen.
– Es gibt nur gemeinsame Mitarbeiterversammlungen.
– Die ausgezahlten Prämien werden nach gleichen Kriterien gewährt.
– Unsere Sozialpädagogen begreifen sich als Betriebssozialarbeiter, zuständig für alle Mitarbeiter.
– Eine Übernahme von Beschäftigten mit Behinderungen in den Angestelltenstatus ist keine Seltenheit.
– Es gibt nur eine Mitarbeitervertretung für alle, die wir gegen den erklärten Widerstand der Behörden und Spitzenverbänden durchgesetzt haben.

1975 wurden nicht nur die Weichen in unserer Organisation gestellt, sondern auch für unsere Dienstleistungspalette. Mehr als 85 Prozent unseres Umsatzes wird allein aus den Produktionsbereichen Elektronik, Elektromechanik und Kabelkonfektion generiert.

Insgesamt fertigen wir 15 000 verschiedene Produkte und erzielten 2011 damit 20,2 Mio. Euro Umsatz. Allerdings ist unser Wareneinsatz hoch. Allein das Vorratsvermögen beträgt 2,2 Mio. Euro. Zum Vergleich: Die Einnahmen aus Tagessätzen im selben Jahr hatten eine Höhe von 4,1 Mio. Euro. Durch unsere hohe Produktivität konnten wir im Frühjahr 2012 den Neubau einer weiteren Produktionsstätte mit einem Bauvolumen von insgesamt 6,3 Mio. Euro ohne direkte staatliche Subventionen finanzieren.

Jetzt, nach mehr als 37 Jahren, spielt für uns das Unternehmen Nixdorf kaum mehr eine Rolle. Heute gehören zu unseren Kunden Unternehmen aus der Medizintechnik, des Flugzeugbaus, der Computerindustrie, des Fahrzeugbaus, der Solarindustrie und der sogenannten weißen Industrie, etwa die Firma Miele. Wir sind auch eine der wenigen Werkstätten, die sich für den Automobilbereich nach der strengen Norm TS 16949 zertifiziert haben.

Unsere Mitarbeiter, ob mit oder ohne Behindertenausweis, definieren sich gleichermaßen über ihre Arbeit und haben eine starke Bindung zu unserem Betrieb.

Seit 2008 bilden wir auch unseren eigenen Nachwuchs aus. Schon früh haben wir uns auf den Weg gemacht, um dem Führungskräftemangel vorzubeugen. Unsere Auszubildenden loben die zusätzliche »soziale Komponente«, die ihre Ausbildung als Zerspanungsmechaniker, Elektroniker für Geräte und Systeme und Industriekaufmann bei uns mit sich bringt.

Ein gutes Beispiel für den prägenden Gemeinschaftsgeist unseres Unternehmens: In der Krise 2009 gingen alle auf Kurzarbeit – auch das pädagogische Personal und die Beschäftigten mit Behinderung. Einige Monate später konnten wir alle gemeinsam wieder zur Normalität zurückkehren, wir hatten die Herausforderung gemeinsam überwunden.

Zielsetzung und Strategie

Unser zugrundeliegendes Prozessmodell basiert auf den übergeordneten Führungsprozessen Controlling, Managementbewertung und Planung, die sich über unsere Leistungsbereiche (REHA Dienstleistung, Produkteinführung und Serienproduktion) erstrecken. Ziel unserer Unternehmensstrategie ist es, die Aufgabe einer anerkannten Werkstatt für Menschen mit Behinderung unter Beachtung der gesetzlichen Rahmenbedingungen und des wirtschaftlichen Leistungsvermögens in dem sich permanent wandelnden Industriealltag zu festigen. Die Werkstatt hat den Auftrag, die Arbeitsabläufe und -bedingungen so zu gestalten, dass eine bestmögliche individuelle Förderung und Betreuung der behinderten Mitarbeiter gewährleistet ist.

Wir bieten unseren Kunden Leistungen aus mehreren aufeinander aufbauenden Wertschöpfungsstufen. Wettbewerbsvorteile erreichen wir durch umfassendes technologisches und produktspezifisches Know-how. Im Bereich der Forschung und Entwicklung konstruieren wir seit fünf Jahren geeignete Werkzeuge für Verfahren zur Umspritzung von Kabeln und Elektronikbaugruppen. Im Bereich der Konstruktion setzen wir als CAD-Technologie eine parametrische 3D-Volumenmodellierung ein, die wiederum durch CAM-Technologie zur direkten Steuerung der Fertigungsmaschinen führt.

Bei der Gestaltung der Arbeitsplätze und Arbeitsabläufe werden wir den besonderen Bedürfnissen unserer behinderten Menschen durch ein größeres Platzangebot, durch veränderte Gruppenstrukturen und durch Ergänzungen von technischen Hilfen und Arbeitsvorrichtungen gerecht. Unsere spezifische Wertvorstellung für den Kreis der Werkstattbeschäftigten ist geprägt durch den kontinuierlichen Ausbau von »arbeitsmarktgerechten Arbeitsplätzen«.

Konsumfähiges Entgelt

Schon bei der INTEG-Gründung war das »konsumfähige Entgelt« als Ziel vereinbart worden. Arbeiten zu können ist für psychisch kranke Menschen ein wichtiger Faktor. Bereits der Begründer der Psychoanalyse Sigmund Freud formulierte: »*Arbeit ist des Menschen stärkstes Band zur Realität.*«

Arbeit trägt zum Wiederaufbau der Realitätsbeziehung bei. Der psychisch kranke Mensch wird nicht nur mit seinen psychischen Fähigkeiten konfrontiert, sondern er kann auch seine Leistungsfähigkeit, Leistungsgüte und Ausdauer überprüfen und den Tagesablauf strukturieren. Zielsetzung war es damals wie heute, die betroffenen Menschen in ihrem Selbstwertgefühl durch ein konsumfähiges Entgelt zu stärken und sie gleichzeitig aus der Abhängigkeit der Sozialverwaltung herauszulösen.

Zur Abwicklung der Arbeiten stellte die Nixdorf Computer AG neben den Produktionsarbeiten auch Mitarbeiter zur Einweisung und Überwachung ab. Schnell wurde klar, dass allein mit den behinderten Mitarbeitern die Arbeiten nicht zu erledigen waren, so dass auch gewerbliche Mitarbeiter für den Fertigungsprozess eingestellt wurden. Die Mindesthöhe des konsumfähigen Entgelts wurde mit einem Stundenlohn von 3,– DM festgelegt. In den ersten Jahren konnte eine Zuordnung der Arbeitsleistung und des Stundenlohnes auf eine »persönliche« Beurteilung und Vergleichseinstufung erfolgen. Die Zunahme der Kunden und die Komplexität der Aufträge verlangte von unseren Mitarbeitern anspruchsvollere und vielfältigere Tätigkeiten, so dass die Arbeiten in Einzelschritte zerlegt und Arbeitsschritte, die kein behinderter Mitarbeiter leisten konnte, von einem gewerblichen Arbeitnehmer erledigt wurden. Dadurch konnte die Fertigungsleistung insgesamt erhöht werden.

Die wachsende Zahl gewerblicher Mitarbeiter führte im Herbst 1988 zu einem Antrag auf »Einrichtung eines Betriebsrates«. Da wir aber eine anerkannte Werkstatt für Behinderte waren, hätte dies eine Aufteilung in
– Arbeitnehmervertretung für gewerbliche Mitarbeiter und Angestellte
– Mitarbeitervertretung für WfbM-Mitarbeiter
mit unterschiedlichen gesetzlichen Zuständigkeiten bedeutet.

Die bei uns in der Fertigung praktizierte Integration von WfbM- und gewerblichen Mitarbeitern funktionierte sehr gut, und so schlug die damalige Geschäftsführung auch eine Integrationslösung in der Mitarbeitervertretung vor. Mit der Gewerkschaft wurde eine Vereinbarung getroffen, dass es sich bei der Wahl um eine Mitarbeitervertretungswahl im Sinne der Werkstättenverordnung zum Schwerbehindertengesetz handelt und im Rahmen der in der Werkstättenverordnung bestehenden Mitwirkungsmöglichkeiten eine Rahmenvereinbarung zu schließen ist, die die Mitwirkungsrechte im Einzelnen definiert.

Als Orientierungsrahmen sollte das Betriebsverfassungsgesetz dienen, wobei jedoch stets der besondere Charakter der Integration von Behinderten und Nichtbehinderten im Arbeitsbereich berücksichtigt werden sollte.

Die Gesamtzahl der MAV-Mitglieder wurde in Anlehnung an das BetrVG mit der Aufspaltung in WfbM-Mitarbeiter, Gewerbliche Arbeitnehmer und Angestellte festgelegt.

Unsere erste Mitarbeitervertretungswahl war im Februar 1989.

Nach mehrmonatigen Verhandlungen wurde Ende 1991 eine Regelung zur Mitarbeitervertretung erfolgreich abgeschlossen. Da im Hinblick auf unsere besondere Struktur eine Tarifregelung, gleichgültig ob durch Übernahme tariflicher Regelungen oder durch eigene haustarifliche Regelung nicht denkbar war, wurde die Erstellung von Arbeitsplatz- oder Funktionsbeschreibungen sowie ein Leistungsbeurteilungssystem vereinbart, das auf Basis der wirtschaftlichen Ergebnisse und unter Berücksichtigung der Werkstättenverordnung ein gerechtes konsumfähiges Entgelt ermöglichen sollte.

Wir haben in Anlehnung an die Tätigkeitsbeschreibungen der Nixdorf Computer AG 15 Tätigkeitsgruppen[2], bezogen auf die bei uns vorhandenen Leistungsgruppen und Tätigkeiten erstellt, so dass alle behinderten und gewerblichen Mitarbeiter eindeutig einer Tätigkeitsgruppe zugeordnet werden konnten.

In den Tätigkeitsgruppen 1 bis 4 befinden sich bei uns ausschließlich WfbM-Mitarbeiter, in den Tätigkeitsgruppen 12 bis 15 gewerbliche Mitarbeiter. Der größte Anteil sowohl unserer gewerblichen als auch der behinderten Mitarbeiter befindet sich in den Gruppen 5 bis 11.

In Anlehnung an die Werkstättenverordnung wurde ein leistungs- und ergebnisorientiertes Entlohnungssystem, bestehend aus Grundlohn, Steigerungsbetrag (Leistungsprämie) und unserer »INTEG-Zulage« entwickelt. Der Grundlohn ist ein fester Betrag, der jedem Beschäftigten entsprechend seiner Einstufung in die Tätigkeitsgruppe gezahlt wird. Der Steigerungsbetrag (Leistungsprämie) wird auf Basis des bestehenden Leistungsbeurteilungssystems, bezogen auf eine Bewertungsbasis von 0 bis 50 Punkten, ermittelt und richtet sich nach den wirtschaftlichen Gegebenheiten. Die INTEG-Zulage gilt nur für die WfbM-Mitarbeiter. Sie wird gestaffelt nach dem Alter und soll ein Ausgleich für die nachlassende Leistungsfähigkeit der behinderten Mitarbeiter im Alter sein. Die Höhe und Dauer der Zulage richten sich nach den wirtschaftlichen Gegebenheiten.

Die Leistungsbeurteilung erfolgt jährlich oder drei Monate nach Wechsel der Tätigkeitsgruppe.

Die Erfassung der Beurteilungsdaten[3] erfolgt innerhalb unserer eigenen Datenbank.

Unser Gesamtsystem[4] wurde nach zwei Jahren auf Basis einer Betriebsvereinbarung mit der Mitarbeitervertretung, bestehend aus Angestellten, gewerblichen Mitarbeitern und Werkstattbeschäftigten, abgeschlossen und

---

2 Details zu den Tätigkeitsgruppen: Weitere Information können über die INTEG GmbH angefordert werden.

3 Beurteilung der Leistungszulage: Weitere Information können über die INTEG GmbH angefordert werden.

eingeführt. Anpassungen erfolgten in jüngster Vergangenheit bei den Beschreibungen der Tätigkeitsgruppen und deren Merkmalen sowie bei den Punktbewertungen samt Multiplikatoren.

Ausblick

Unserer Überzeugung nach kann die Struktur der INTEG GmbH wichtige Impulse für die Fortentwicklung der Werkstattlandschaft geben. Unter Beibehaltung des ursprünglichen Auftrags der Werkstätten sollte sich eine solche Neuprofilierung strukturell, institutionell wie auch konzeptionell an Zielsetzungen wie der Inklusionsförderung, der Prozessorientierung, der Aufgaben- und Angebotserweiterung orientieren. Werkstätten sollten ihr Angebot flexibel und durchlässig gestalten, Kooperationsstrukturen ausbauen, nichtbehinderte Beschäftigte einbinden, verstärkt den Übergangs der Beschäftigten auf den allgemeinen Arbeitsmarkt fördern, betriebs- und arbeitsmarktnahe Strukturen ausbauen und sich an den Teilhabestrukturen des Sozialraums orientieren.

Werkstätten müssen sich zukünftig als Sozialunternehmen begreifen, also als Unternehmen, die sich nicht an der Profitmaximierung orientieren, son-

---

4 Auszug aus dem Forschungsprojekt »Arbeit für psychisch Kranke« eines Kostenträgers: Die wichtigsten Elemente zur Erklärung der hohen Produktivität der Einrichtung sind: Normalitätscharakter der Werkstatt, Organisationsstruktur der Werkstatt, Betriebsklima, Entlohnung, Perspektiven der Mitarbeiter. Die Entlohnung ist ein Aspekt des Normalitätscharakters der Werkstatt, die das Gefühl der Mitarbeiter, in einem ganz normalen Betrieb zu arbeiten, erhöht und die Vorrangigkeit der Arbeit vor der Behinderung stellt.

dern sich an der sozial-gesellschaftlichen Wertschöpfung aktiv beteiligen, bedarfsgerechte Dienstleistungen für Menschen mit Behinderungen anbieten und ihre Chancen zur Wettbewerbsfähigkeit erhalten.

Hierzu bedarf es nicht nur der motivierten Umsetzung durch Werkstattträger sowie der aktiven Mitgestaltung der Fachkräfte und Beschäftigten mit Behinderungen. Notwendig sind auch flankierende Maßnahmen und Unterstützungen in Form von rechtlichen Rahmenbedingungen, der Anpassung von Leistungssystemen und -rechten sowie von Förderrichtlinien und Finanzierungsmodalitäten.

Der Gesetzgeber ist insbesondere bei zwei Punkten gefordert:
1. die rechtlichen Grundlagen und Rahmenbedingungen für WfbMs anzupassen, um den Weg für eine Neuausrichtung frei zu machen und
2. die Werkstätten für andere leistungsberechtigte Personengruppen zu öffnen, um so ein durchlässiges und personenzentriert gestaltbares Angebotsportfolio zu ermöglichen und die Wahrnehmung einer funktionstüchtigen Brückenfunktion im Kontext der Teilhabe am Arbeitsleben zu etablieren.

Betrachtet man die Opportunitätskosten, die ohne Werkstätten entstünden, dann wird klar, dass diese Einrichtungen einen volkswirtschaftlich sinnvollen Beitrag leisten. Unser SROI (Social Return On Investment) betrug im Jahr 2011 rund 70,6 % (Vorjahr 69,2 %), das heißt von jedem Euro, der in die Werkstatt fließt, werden 70 Cent an den öffentlichen Haushalt zurückgegeben.

Kurz gefasst

Einrichtung: *INTEG Integrationsbetrieb für Behinderte GmbH*
Anerkannte Werkstatt für behinderte Menschen (WfbM)

Zielgruppe: *Menschen mit geistiger, psychischer und körperlicher*
Behinderung

Zahl der Beschäftigten: *410*

Kontaktdaten: *Bettina Giese-Walhöfer (Marketing und Öffentlichkeitsarbeit)* |
Tel. 05253/400 0-130 |
E-Mail: b.giese-walhoefer@integ-ggmbh.de |

Kontaktperson: *Bettina Giese-Walhöfer (Marketing und Öffentlichkeitsarbeit)* |
Groppendiek 2 | *33014 Bad Driburg* |
Tel. 05253 /4000-0 |
E-Mail: info@integ-ggmbh.de | *www.integ-ggmbh.de* |
www.facebook.com/INTEG.GmbH | *www.azubi-diary.de* |

Beschäftigte übernehmen Verantwortung

Das Konzept der teilautonomen Teams im Digitaldruckzentrum »Alte Wäscherei« in Bad Soden-Salmünster

Die Reha-Werkstatt Ost in Bad Soden-Salmünster wurde im November 2002 als dritte Werkstatt für psychisch Kranke des Behinderten-Werks Main-Kinzig e.V. (BWMK) eröffnet. Seit Dezember 2009 befindet sich die Werkstatt im ehemaligen Gebäude der Wäscherei Heinzelmännchen, deswegen nennen wir uns »Alte Wäscherei«.

Zurzeit sind über 60 Plätze im Arbeitsbereich belegt und regelmäßig ungefähr 22 Praktikumsplätze aus dem zentralen Berufsbildungsbereich. Zwölf Mitarbeiter sind dauerhaft auf Außenarbeitsplätzen in Firmen des ersten Arbeitsmarkts beschäftigt. Wir verstehen uns als Dienstleister rund ums Papier und bieten Arbeitsplätze in der Gestaltung von Drucksachen, im Druck, in der Druckweiterverarbeitung, in der Datenerfassung und im Postversand. Wir sind heute die ausgelagerte Poststelle des Marktführers für Arbeitsschutzbegleitung, Engelbert Strauss, im Nachbarort, für die wir im Jahr 2011 über 1,5 Mio. Briefe gedruckt und versandt haben. Im bundesweiten Wettbewerb zur Poststelle des Jahres 2010 haben wir den dritten Platz gewonnen. Eine Besonderheit der Werkstatt ist es, dass es noch nie Gruppenräume gab. Wir haben eine offene Hallensituation, in der jedoch die einzelnen Arbeitsbereiche klar definiert sind. Die Maschinen, die Lärm oder Emissionen verursachen, wurden in Kabinen gestellt. Diese offene Situation ermöglicht eine hohe Flexibilität. Zwar ist jeder Mitarbeiter einem festen Arbeitsbereich zugeordnet, aber wenn in einem Bereich Unterstützung benötigt wird, kommen die Mitarbeiter in diesen Bereich und arbeiten mit. Jeder Bereich wird von einem Gruppenleiter bzw. einer Fachkraft für Arbeits- und Berufsförderung (FAB) verantwortet. Jeder Mitarbeiter hat einen festgelegten Bezugs-gruppenleiter, der nicht zwingend der verantwortliche Gruppenleiter seines Arbeitsbereichs sein muss. Das hat den großen Vorteil, dass ein Mitarbeiter bei einem etwaigen Wechsel des Arbeitsbereichs nicht auch seinen Bezugs-gruppenleiter verliert.

Die Arbeitsbereiche der »Alten Wäscherei«

Team Gestaltung, Druck und Druckweiterverarbeitung: Fünf Mitarbeiter, ein Gruppenleiter, zwei Produktionshelfer, davon ein Mediengestalter. Beide Produktionshelfer sind psychisch erkrankt, einer war sieben Jahre Mitarbei-ter unserer Werkstatt und wurde vor zwei Jahren in ein tarifliches Beschäfti-gungsverhältnis übernommen. Er springt bei Engpässen in allen Bereichen ein. Er verantwortet selbstständig den Bereich Fotobuchladen. Aufgaben: Gestaltung von Drucksachen und Fotobüchern, dazu gehört das Kundenge-spräch zur Auftragsklärung. Druck aller täglich anfallenden Druckaufträge (bis zu 15 verschiedene Aufträge am Tag), sei es von der Visitenkarte zum Infoflyer über gebundene Präsentationen bis zu Schulungsordnern in Aufla-gen über 500 Stück. Weiterverarbeitung der gedruckten Produkte heißt schneiden am Stapelschneider, falzen, binden als Broschüre, Buch oder Ring-bindung und verpacken und versandfertig machen. Dieses Team hat sich Anfang des Jahres zur Teambildung entschieden und der Prozess hat gerade angefangen. Durch die Vielzahl der unterschiedlichen Aufträge gestaltet er sich schwierig, es wird zwei Teams geben, eines in der Druckvorstufe und eines in Druck und Druckweiterverarbeitung.

Team »Print on demand« (Ecolab)

Neun Mitarbeiter, ein Gruppenleiter. Dieses Team ist komplett als teilauto-nomes Team organisiert und arbeitet fast ausschließlich für einen Kunden, die Firma Ecolab. Es werden für jeden Kunden der Firma individuell zuge-schnittene Produktordner erstellt. Die Aufträge kommen täglich per E-Mail in der Abteilung an. Das Auftragsvolumen ist teilweise sehr schwankend, es gibt allerdings vom Kunden unterschiedlich terminierte Aufträge, sodass man nach Liefertermin priorisieren kann. Dies ist eine entscheidende Aufga-be des Verteilers.

Mailing-Team

Zwölf Mitarbeiter, eine FAB, eine Produktionshelferin mit 20 Stunden Ar-beitszeit pro Woche. Ein Teil der Gruppe (fünf Mitarbeiter) ist als teilauto-nomes Team organisiert, es gibt aber auch eine Anzahl von Mitarbeitern, die den Teamentwicklungsprozess aus verschiedenen Gründen nicht mitma-chen können, wollen oder auch dürfen. Tägliche Aufgabe ist der Druck und Versand der Ausgangspost für unseren Hauptkunden. Die Druckdaten wer-den vom Server des Kunden geladen, werden mit Hilfe einer Software verar-beitet, die beim Druck Steuerzeichen für die Kuvertiermaschine aufbringt. Nach dem Druck werden die Briefe maschinell kuvertiert und danach wird jeder einzelne Brief über die Frankiermaschine frankiert. Diese Post muss immer taggleich verarbeitet werden. Danach kommen die Mailingaufträge für unsere ca. 20 weiteren Kunden.

Die offene Gruppe – Handmontage

Zehn Mitarbeiter werden von einer FAB begleitet. Diese Gruppe hat noch etwas von dem, wie in den meisten Werkstätten Arbeitsgruppen aufgebaut sind. Hier finden die Mitarbeiter ihren Platz, die mit den hohen Anforderungen der anderen Arbeitsbereiche überfordert wären. Das ist auch der Platz zum Ankommen für neue Mitarbeiter und Praktikanten oder für Mitarbeiter, die nach einem langen Klinikaufenthalt wieder in die Werkstatt kommen. Hier werden ganz unterschiedliche Konfektionierungsarbeiten und alle größeren Mailingaufträge, die von Hand ausgeführt werden müssen (zum Beispiel Versand von Katalogen, Fortbildungsbroschüren etc.) verrichtet.

Service-Team: Neun Mitarbeiter, eine Gruppenleiterin.

Aufgaben: Telefonzentrale und Empfang, Telefonzentrale und Kommissionierung der Miethuhneier für das Hofgut Marjoß, Verkauf und Wäscheannahme bzw. -ausgabe im Laden, Mittagsversorgung in der Kantine, Katalogversand mit Sortierstation und Erledigung bestimmter Aufträge für die Mailingabteilung.

Komplexe Arbeiten – überforderte Gruppenleiter?

Die Fülle der unterschiedlichen hochspezialisierten Arbeiten macht deutlich, dass dieses Pensum mit der alten Arbeitsorganisation einer Werkstatt nicht zu bewältigten ist. Zumal auf die Gruppenleiter bzw. FAB immer mehr Aufgaben bei der systematischen Reha-Planung der Mitarbeiter zukommen. Jährliche Reha-Gespräche waren schon immer fester Bestandteil der Arbeit in den Werkstätten, doch diese werden immer mehr zu richtigen Zielvereinbarungsgesprächen. Zu den Aufgaben der FAB gehört es, diese Vereinbarungen im Laufe des Jahres zu überprüfen und zu überwachen. Ebenso gehören die Erstellung der Entwicklungsberichte, das Führen der Anwesenheitslisten im PC und die Durchführung von Qualifizierungsmaßnahmen zu ihren Aufgaben. Daneben sind sie natürlich Ansprechpartner für alle alltäglichen Probleme der Mitarbeiter. Da stellt sich schnell die Frage, wie das alles zu bewältigen ist. Wenn der Gruppenleiter alle Regiearbeiten in seiner Gruppe selbst durchführen und sich um die Abwicklung, eventuell sogar Realisierung, der komplexen Aufträge kümmern muss, indem er sogar häufig selbst an der Maschine steht, ist das unmöglich. Da die Kernaufgabe der FAB jedoch die berufliche Rehabilitation der Mitarbeiter und nicht das Drucken und Versenden von Briefen ist, musste ein anderer Weg gefunden werden. Inzwischen konnten wir mit der neu entwickelten Organisationsform viele Erfahrungen sammeln, die Judith Ommert vom Sozialdienst der Werkstatt und Heide Wambach als pädagogische Fachkraft im Juni 2012 in einer, hier auszugsweise wiedergegebenen Konzeption zusammenfassen.

Das Konzept der teilautonomen Teams

1. Zielsetzung der Einrichtung

Wir wollen eine Arbeitsorganisation schaffen, in der unsere Mitarbeiter die Arbeitsprozesse mitgestalten und die Arbeitsabläufe selbstständig steuern können, um damit die Entwicklung von Persönlichkeit und Leistungsfähigkeit zu ermöglichen und zu fördern. Die Organisationsform der teilautonomen Teams bietet differenzierte Strukturen, erhöhte Produktivität, aber auch eine intensive Form des Lernens und Handelns.

Die Bildung teilautonomer Teams verstehen wir als Prozess, in dessen Verlauf unsere Mitarbeiter sich sowohl in ihrer beruflichen Kompetenz qualifizieren als auch in ihrer sozialen Handlungsfähigkeit und somit in ihrer gesamten Persönlichkeit weiterentwickeln können, mit dem Ziel der professionellen Auftragsabwicklung ohne direkte Anleitung mit Übernahme von Verantwortung im Rahmen des Mitarbeiterstatus.

2. Die organisatorischen Rahmenbedingungen

Die Betriebsleitung stellt eine von allen Produktionsprozessen losgelöste Fachkraft zur Verfügung. Von Vorteil für diese Art der Arbeitsorganisation sind immer wiederkehrende, gleichbleibende Arbeitsaufträge. Zur Umsetzung der Konzeption der teilautonomen Teams ist ein einvernehmlicher Beschluss, dieses Projekt voranzutreiben aller an der Rehabilitation Beteiligter

(Betriebsleitung, Sozialdienst, Produktionsgruppenleitung) notwendig. Ebenfalls spielt eine gute Ausstattung der Arbeitsplätze der teilautonomen Teams eine große Rolle. Ein teilautonomes Team sollte aus mindestens fünf, höchstens zwölf Teammitglieder bestehen. In jedem Team wird morgens zu Arbeitsbeginn eine Frühbesprechung von max. 15 Minuten durchgeführt. Es finden wöchentliche Teamsitzungen von einer Stunde statt. In schwierigen Situationen können Sondersitzungen durchgeführt werden. Die Teamsitzungen werden von der pädagogischen Fachkraft in Absprache mit der Gruppenleitung vorbereitet, durchgeführt und nachbereitet. Das Team sollte einen festen Besprechungsraum haben.

3. Der Prozess der teilautonomen Teambildung

Der Einstieg in die Teambildung erfolgt bei allen Teams gleichermaßen:

Als erste Aufgabe erarbeitet jedes Team zur Verdeutlichung der Arbeitsschritte eines Auftrags ein Organigramm. Es erfolgt zunächst eine grafisch dargestellte detaillierte Bestandsaufnahme der tatsächlichen Arbeitsabläufe. In den nachfolgenden Teamsitzungen werden die Schnittstellen, Verbindungslinien, Umwege und fehlende Kontrollstellen der Arbeitsabläufe markiert, diskutiert und grafisch verändert dargestellt. Es entsteht unter Anleitung der pädagogischen Fachkraft in vier bis sechs Wochen ein neues Organigramm, das Tätigkeiten als »Positionen« bezeichnet. Zur Darstellung der täglichen Arbeitsorganisation entscheidet jeder Mitarbeiter in der Früh-besprechung, auf welcher Position er arbeiten möchte, und dokumentiert dies mit seinem Namensschild auf dem Organigramm. Damit bestimmt er selbstständig seinen Arbeitseinsatz. In der Frühbesprechung haben die Mit-arbeiter die Möglichkeit, sich fähigkeitsbezogen und nach dem täglichen Wohlbefinden in den Arbeitsprozess einzubringen. Als zweite Aufgabe erar-beiten die Teams ihre Gruppenregeln mit Zielsetzung. In den wöchentlichen Teamsitzungen wird zunächst der Verlauf der Arbeitswoche besprochen. Die Teammitglieder haben Gelegenheit, Probleme in den Arbeitsabläufen, Spannungen und Konflikte, aber auch schöne Erlebnisse anzusprechen. Un-ter Anleitung der pädagogischen Fachkraft können auch erlebte Situationen im Arbeitsalltag nachgespielt und anschließend besprochen werden. Im zweiten Teil der Sitzung wird gezielt zu den unten aufgeführten Themen gearbeitet. Z.B.: Kommunikation und Körpersprache, Stärken und Schwä-chen / Akzeptanz und Toleranz, Ziele und Aufgaben planen und umsetzen, Zielkontrolle, Methoden zur Problemlösung, Rollenverhalten in der Grup-pe, Konfliktverhalten, Wahrnehmung etc.

Die Inhalte und Ergebnisse / Beschlüsse der Teamsitzungen werden in ei-nem Teambuch protokolliert. Wichtig ist stets, die Verbindung zwischen er-lebten Situationen und damit verbundenen Emotionen im Arbeitsalltag und theoretischen Erklärungen herzustellen.

Die Teams haben die Möglichkeit, sich freitags zu einem Wochenab-schluss zusammenzufinden und dabei die Erlebnisse in der Arbeitswoche zu reflektieren. Es bleibt den Teams freigestellt, die pädagogische Fachkraft oder die Gruppenleitung dazu einzuladen.

3.1 Das Organigramm

Die pädagogische Fachkraft muss die Fähigkeit besitzen, die Beschreibungen jedes einzelnen Teammitgliedes, wann, wie und wo er welche Tätigkeit ver-richtet, grafisch darzustellen und dann zu einem Organigramm zusammen-zufassen. Es werden Hilfsmittel erarbeitet und Kontrollstellen markiert. In den morgendlichen Frühbesprechungen werden das Organigramm und die

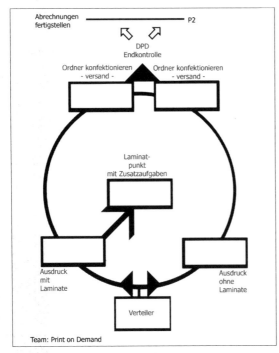

Beispiel für eine Darstellungsform eines Organigramms

darin aufgeführten Tätigkeiten mit den Namen der Teammitglieder bestückt. So ist visualisiert, welches Teammitglied die Durchführung der zugeteilten Aufgabe übernommen hat.

3.2 Die Verteilerposition

Die Verteilerposition ist die höchste Qualifizierungsstufe, die als Mitarbeiter im Rahmen des Betriebs zu erreichen ist. Es liegt im Interesse des Betriebs, möglichst mehrere Verteiler eines Teams zu qualifizieren. Der Gruppenleiter entscheidet in Abstimmung mit dem Team, wer für welchen Zeitraum die Verteilerposition innehat; eine Doppelspitze ist möglich. Der Verteiler beherrscht alle Arbeitsschritte zur Auftragsabwicklung und kennt die Zusammenhänge der Arbeitsabläufe. Er steuert das Team durch den Arbeitsalltag und sorgt dafür, dass die Arbeitsaufträge fristgerecht bearbeitet werden Er achtet auf die Einhaltung der gemeinsam erarbeiteten Regeln und Absprachen des Teams.

4. Ziele zur Persönlichkeitsförderung und Qualifizierung der Mitarbeiter

– Entwicklung der fachlichen Kompetenz
– Förderung der Selbständigkeit, Selbstbestimmung und Persönlichkeitsentwicklung
– Erwerb und Erweiterung der sozialen Handlungsfähigkeiten
– Stärkung der Team- und Konfliktfähigkeit
– Akzeptanz und Toleranz von Stärken und Schwächen
– Sensibilisierung der Wahrnehmung und Aufmerksamkeit
– Entwicklung der Fähigkeit zum lösungsorientierten und verantwortungsbewussten Handeln

5. Methoden

– Feedbackrunden
– Rollenspiele
– Gruppen- und Einzelarbeit
– Blitzlicht
– Hilfsmittel: Flipchart, Arbeitsblätter, Trinkhalme, Seile, Karten, Moderationswand

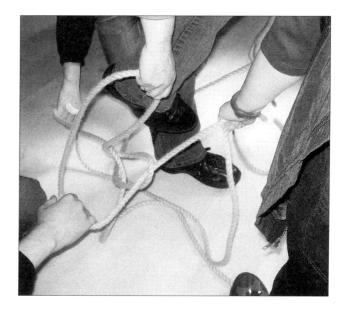

6. Vor- und »Nachteile« teilautonomer Teams

Vorteile:

- Effektive Arbeitsorganisation, Prozesse können durch die Ideen der MitarbeiterInnen optimiert werden
- Effizienteres Arbeiten sowohl für die Mitarbeiter als auch für den Betrieb
- Gute Strukturierung des Arbeitstages
- Vorteile in Bezug auf die Vertretungssituation der Gruppenleitung
- Gruppenleiter haben mehr Zeit für administrative Aufgaben, Qualifizierungen, Kurse u.a im Betrieb
- Höhere Mitarbeiterzufriedenheit
- Bestmögliche und ganzheitliche Mitarbeiterförderung
- Finanzielle Aspekte, die Zahlen der betrieblichen Auswertung zeigen, dass die teilautonomen Teams die effektivste Form der Arbeitsorganisation darstellt
- Der Teamentwicklungsprozess bildet eine gute Grundlage zur Zielfindung im Reha-Prozess (Reha-Planung) und für die Entgeltrichtlinien der Mitarbeiter

»Nachteile:«

- An die Verteilerposition wird eine hohe Anforderung gestellt, die nicht jeder Mitarbeiter erfüllen kann, dementsprechend wenige Verteiler gibt es
- Fällt der Verteiler aus, muss der Gruppenleiter einspringen
- Die Gruppendynamik ist beim Personenkreis von Menschen mit psychischer Erkrankung sehr anfällig für Krisen und Konflikte, was die Gruppenleitung dann sehr binden kann, um Krisen oder Konflikte zu lösen
- Durch die Vorbereitung auf die Mitgliedschaft in einem teilautonomen Team werden die MitarbeiterInnen enorm in ihrer Fähigkeit für sich einzustehen gefördert. Diese Fähigkeit stellt eine Herausforderung für alle Gruppenleiter, den Sozialen Dienst und die Einrichtungslietung dar.
- Ein angefangenen Teamenentwicklungsprozess ist nicht mehr rückgängig zu machen.

(Ende der Auszüge aus der Konzeption)

Antworten aus der Praxis

Um diese nüchterne Darstellung ein bisschen mit Leben zu füllen, kommen nun einige am Prozess beteiligte Mitarbeiter und Angestellte zu Wort. Allen wurde dieselbe Frage gestellt: *»Was bedeutet für Sie das Arbeiten nach dem Prinzip der teilautonomen Teams?«*

Pädagogische Fachkraft: Die Arbeitsorganisation teilautonomer Teams ermöglicht aus pädagogischer Sicht die Bündelung des individuellen Arbeitsansatzes (personenzentriert) mit den Themen der Gruppendynamik (Teamentwicklung nach dem systemischen Ansatz) und somit die Förderung mehrerer individueller Fähigkeiten gleichzeitig: z.B. Konflikt- und Kommunikationsfähigkeit stärkt das Durchsetzungsvermögen und somit das Selbstbewusstsein; aber auch das Verstehen um Beziehungs- und Arbeitszusammenhänge.

Gruppenleiter: Die Vorteile teilautonomer Gruppen für den Gruppenleiter liegen vor allem im Zeitmanagement. Durch den Einsatz von Organisationsdiagrammen ist der Arbeitsablauf der Gruppe gut durchstrukturiert. Das führt zu Zeitersparnis für den Gruppenleiter, da er weniger in die Produktion eingreifen muss und somit die gewonnene Zeit frei wird für wichtige Gespräche mit den Mitarbeitern bezüglich ihrer Probleme und der Weiterentwicklung unserer Klienten.

Sozialdienst: Für mich als Sozialdienst stellt die Etablierung von teilautonomen Teams innerhalb der Reha-Werkstatt Ost eine große Arbeitserleichterung dar. Durch die Selbstständigkeit der teilautonomen Teams ist es den Gruppenleitungen möglich, einen Teil ihrer Zeit, die sie zuvor für die Produktion einsetzen mussten, dazu zu nutzen, sich um die Qualifizierung der WerkstattmitarbeiterInnen zu kümmern und ebenfalls den Sozialdienst in den administrativen Tätigkeiten (Reha-Planung, Erstellung von Entwicklungsberichten etc.) zu unterstützen und ihm zuzuarbeiten. Zusätzlich bilden die teilautonomen Teams eine sehr gute Grundlage für die Vereinbarung von Rehabilitationszielen und Qualifizierungen und ein entsprechendes Entgeltsystem. Die Arbeit in teilautonomen Teams sorgt für eine hohe Mitarbeiterzufriedenheit und ist ein guter Außendarstellungsfaktor speziell für die Akquise potenzieller Antragsteller in Bezug auf eine Berufliche Rehabilitation in einer Werkstatt für Menschen mit Behinderung.

Die Verteilerin Monika Rüffer (seit Juli 2006 in der Reha Ost):
Positive Erfahrungen = Entwicklung:
– Mehr verantwortungsvolles eigenständiges Arbeiten
– Durch gesteigertes Selbstvertrauen springt das Vertrauen auf die Teammitglieder über und kommt wieder zurück.
– Durch die Kundenkontakte erfährt man eine hohe Wertschätzung.
Negative Erfahrungen (Herausforderungen):
– Verantwortung kann über die eigenen Grenzen gehen.
– Als Verteiler den Anspruch zu haben, seine persönlichen Ängste und Nöte nicht ins Team zu tragen.
– Der Verteiler muss Konflikte ansprechen und auch in der Lage sein, konstruktive Kritik an einzelnen Teammitgliedern zu üben.

Betriebsleiterin: Als wir uns 2006 entschieden, diese neue Form der Arbeitsorganisation in der Werkstatt einzuführen, hatte ich keine Vorstellung, welche positiven Effekte dies für den Erfolg des Betriebes haben würde. Heute bin ich davon überzeugt, dass eine Werkstatt der Zukunft eigentlich nur in dieser oder einer ähnlichen Form funktionieren kann. Auch bei uns gibt es noch viele krankheitsbedingte Ausfallzeiten, aber die in vielen Werkstätten für Menschen mit psychischen Erkrankungen beklagte Unzuverlässigkeit der Mitarbeiter ist in unserer Werkstatt nur ein Randproblem. Wer kann, der kommt in der Regel auch, da ihm seine Arbeit wichtig ist und er seine Kollegen nicht im Stich lassen möchte. In den letzten beiden und im laufenden Jahr gibt uns zudem der wirtschaftliche Erfolg recht, dass wir den richtigen Weg beschritten haben.

Kurz gefasst

Einrichtung: *BWMK (Behinderten-Werk Main-Kinzig e.V.)*

Projektidee: *Schaffung einer Arbeitsorganisation, in der die Mitarbeiter die Arbeitsprozesse mitgestalten und die Arbeitsabläufe selbstständig steuern können, um damit die Entwicklung von Persönlichkeit und Leistungsfähigkeit zu ermöglichen und zu fördern*

Zahl der Beschäftigten: *ca. 80*

Kontaktdaten: *BWMK | Rückmühlenweg 24a | 63628 Bad Soden-Salmünster | Tel. 06056/9176-13, Fax 06056/9176-29 | E-Mail: hummel.christa@bwmk.de | www.reha-digitaldruck.de |*

Kontaktperson und Autorin des Beitrags: *Christa Hummel*

Personalentwicklung statt Förderpädagogik

IWL Werkstätten für Behinderte GmbH

In den vergangenen Jahren wurden gesellschaftliche Veränderungsprozesse angestoßen, die in besonderem Maße auch Menschen mit Behinderung betreffen. So konkretisiert das SGB IX »… das verfassungsmäßige Gleichstellungsgebot, wonach niemand wegen seiner Behinderung benachteiligt werden darf«. Im §1 SGB IX wird die Selbstbestimmung behinderter und von Behinderung bedrohter Menschen als ein wesentliches Ziel beruflicher Rehabilitation genannt. Selbstbestimmung meint hier auf der Institutionsseite Respekt vor der Menschenwürde und Ablehnung von Fremdbestimmung, auf der Subjektseite Übernahme von Selbstverantwortung. Die europäische Beschäftigungsstrategie formuliert im Aktionsplan zugunsten von Menschen mit Behinderung die Absicht, unter anderem die Zugänglichkeit des Arbeitsmarktes zu verbessern, mehr Menschen in Arbeit zu bringen und damit die Erwerbsquote zu erhöhen.

Mit dem »Übereinkommen der Vereinten Nationen über die Rechte der Menschen mit Behinderung – UN-Konvention« werden in den Artikeln 24 »Bildung« und Artikel 27 »Arbeit und Beschäftigung« zentrale Aufgabenstellungen und Rechte formuliert, die auch einen wichtigen Auftrag an die Werkstätten beinhalten. Diese Konvention, die seit dem 26. März 2009 für Deutschland verbindlich ist, »[…] führt zu einem Wechsel von der Politik der Fürsorge zu einer Politik der Rechte« (Biermann, 2011). Der Zugang zu Berufsausbildung, Erwachsenenbildung und lebenslangem Lernen sind ausdrücklicher Bestandteil (ebenda). Bemühungen wie die Vermittlung auf den allgemeinen Arbeitsmarkt, Qualifizierungsangebote, Durchführung der Berufsbildung in Betrieben des allgemeinen Arbeitsmarktes und Außenarbeitsplätze stehen für Strategien, die sich auf die Arbeitswelt außerhalb der

WfbM richten. Um aber die Teilhabeangebote für Menschen mit Behinderung in der WfbM attraktiv zu gestalten und weiterzuentwickeln, sind wir aufgefordert, nicht defensiv unter dem Druck der Inklusionsdebatte Bewährtes zu verteidigen oder gar unbewiesen zu behaupten, dass WfbMs an sich inklusiv seien, sondern neue Wege zu gehen, die dem Wertewandel, den Veränderungen in der Gesellschaft, der Arbeitswelt und den Wünschen der Menschen mit Behinderung Rechnung tragen.

Bisher legitimieren wir unsere Arbeit in weiten Teilen über die sogenannte Hilfsbedürftigkeit der Menschen mit Behinderung. Förderpläne, Fördergespräche, Erhebung von Hilfebedarfen – nicht zuletzt von den Kostenträgern in einem definierten Rhythmus gefordert – flankieren diese Aufgabe. Ob der Mitarbeiter mit Behinderung – als Objekt unserer Beobachtung und Förderung – damit tatsächlich einverstanden ist, wird zu selten gefragt. Was hindert uns, in der Qualifizierung und Förderung an Methoden und Sprachgebräuche anzuknüpfen, die in modernen Unternehmen/Organisationen gebräuchlich sind? Eine Antwort könnte sein, dass wir über die Defizitorientierung (unbewusst) eine Distanz oder Abgrenzung zu den Menschen mit Behinderung herstellen. Auch tradierte Rollenbilder führen dazu, uns als Helfer und Experten zu verstehen. Jede Unterstützung, die Selbstbestimmung initiiert, berührt dann womöglich die Legitimation unserer Arbeit und letztlich auch die unserer Institutionen. Vielleicht hindert uns auch der Doppelcharakter unserer Arbeit – Produktion und Teilhabeunterstützung/Qualifizierung – mit einer einseitigen Betonung der »psychosozialen Förderung« den Blick zu weiten und neugierig Konzepte des Industrie- und des Dienstleistungssektors aufzugreifen.

Diese Dilemmata werden immer dann offensichtlich, wenn der Bericht über individuelle Fortschritte den Arbeitsplatz in der WfbM in Frage stellt. Nicht selten, wird die erfolgreiche Arbeitstätigkeit eines Mitarbeiters mit Behinderung dahingehend umgedeutet, dass wir, die Mitglieder der Institution, eine Vermittlung in den allgemeinen Arbeitsmarkt verhindern, um einen Mitarbeiter (»Leistungsträger«) nicht zu verlieren. Dass er/sie womöglich erfolgreich ist, weil wir ihm/ihr eine Kultur zur Verfügung stellen, die den

Erfolg ermöglicht und dauerhaft sichert, wird dabei übersehen. Eine solche Unternehmenskultur bietet moderne Arbeitsplätze, innovative Kommunikationsstrukturen und flache Hierarchien. So wird nicht nur Teilhabe, sondern auch Teilgabe möglich, indem der Mitarbeiter mit Behinderung Fähigkeiten und Kompetenzen dem Unternehmen WfbM zur Verfügung stellt.

Die Betonung des Hilfe- und Förderaspektes unterstützt die Abhängigkeit und die Fokussierung auf Behinderung. An dieser Stelle ist der Hinweis auf das ICF (International Classification of Functioning) hilfreich: Behinderung wird nicht mehr eindimensional dem Menschen zugeschrieben, sondern auch Kontextfaktoren, in unserem Fall z.B. den Arbeitsbedingungen, den Umweltbedingungen, der Barrierefreiheit. Die Inklusion als Leitidee zwingt uns, unsere Unterstützungssysteme und deren Ausgestaltung, weg »…von der beschützenden Versorgung« hin zu individueller Förderung umzugestalten (Steinhart, 2012, S. 57).

In diesem Beitrag möchte ich die neuen Handlungsfelder einer zukunftsorientierten beruflichen Qualifizierung in der WfbM vorstellen. Selbstbestimmung, Selbstwirksamkeit und Selbstverantwortung fordern Menschen mit Behinderung als auch die Fach- und Leitungskräfte gleichermaßen heraus. Das Konzept der Schlüsselqualifikationen fokussiert auf Kompetenzen und deren Entwicklung im Prozess der Arbeit. Kriterien der Persönlichkeitsförderlichkeit von Arbeitsplätzen lenken den Blick auf die Ressourcen und orientieren sich an Vorgehensweisen, die für Menschen mit und ohne Behinderung gelten. Mit der Adaption derartiger Verfahren verlassen wir die »Sonderwelt« und bewegen uns, nicht nur sprachlich, in der realen Arbeitswelt. Ausgewählte Beispiele aus der Praxis vertiefen das Thema.

Handlungsfelder einer zukunftsorientierten beruflichen Teilhabe in der WfbM

Selbstbestimmung, Selbstverantwortung und Selbstmanagement sind Ei-

---

1 Da an dieser Stelle nicht der Raum für eine kritische Auseinandersetzung mit der Strategie der Beschäftigungsfähigkeit ist, sei auf den Artikel von Prof. Dr. Wolf-Dietrich Greinert (4/2008): Beschäftigungsfähigkeit und Beruflichkeit – zwei konkurrierende Modelle der Erwerbsqualifizierung? In: BWB Heft 4, 2008 des BIBB; verwiesen.

genschaften, die im Zusammenhang mit Beschäftigungsfähigkeit stehen. Beschäftigungsfähigkeit (employability)[1], von der Europäischen Kommission 1997 auf dem Luxemburger Beschäftigungsgipfel erstmals formuliert, ist die Fähigkeit, am Arbeits- und Berufsleben teilzunehmen. So beinhaltet sie mehr als berufsfachliches Wissen und Können. Sie umfasst ein Bündel von Eigenschaften, Qualifikationen, Einstellungen und Fähigkeiten, die wir den Schlüsselqualifikationen zuordnen.

Das Konzept der Schlüsselqualifikationen
Die Entwicklungspotenziale des Mitarbeiters mit Behinderung hängen u. a. von verschiedenen persönlichen und institutionellen Faktoren ab, wie folgende Aufstellung veranschaulicht (Quelle: ergo-online).

Dimensionen der Beschäftigungsfähigkeit

Mitarbeiter mit Behinderung	WfbM
Kompetenz: Fachliche und soziale Fähigkeiten zur Aufgabenbewältigung	**Know-how:** Wissen und Können im Unternehmen
Lernfähigkeit: Qualifikation und Motivation, Wissen und Kompetenzen zu erwerben	**Innovationsfähigkeit:** Kontinuierliche Verbesserung und Weiterentwicklung
Gesundheit: Voraussetzung individueller Arbeitsfähigkeit	**Prävention:** Gesundheitsförderliche Arbeitsbedingungen
Integration: Einbindung in soziale Netzwerke und Fähigkeiten zur Kooperation	**Integration:** Betriebliche Weiterentwicklung auf der Basis der Mitarbeiter mit Behinderung und der Führungs- und Fachkräfte
Selbstmanagement: Wahrnehmung und Gestaltung von Handlungsspielräumen	**Arbeitsorganisation:** Fördernde und fordernde betriebliche Strukturen

Eine geläufige Einteilung der Schlüsselkompetenzen ist die in:

Fachlich-methodische Kompetenzen:
Die Fähigkeit einer Person mit fachlichen und instrumentellen Kenntnissen, Fähigkeiten und Fertigkeiten Probleme zu lösen. Das schließt die Fähigkeit zur Selbstorganisation mit ein.

Sozial-kommunikative Kompetenzen:
Die Fähigkeiten, im Team zu arbeiten und mit Arbeitskolleginnen und -kollegen Informationen auszutauschen, Absprachen zu treffen und Prozesse gemeinsam zu planen. Sich gruppen- und beziehungszentriert zu verhalten und neue Aufgaben und Ziele zu entwickeln.

Personale Kompetenzen:
Die Fähigkeiten u. a. Selbstständigkeit, Verantwortungsbewusstsein und Einsatzbereitschaft zu zeigen, »reflexiv selbstorganisiert zu handeln, d.h. sich selbst einzuschätzen, produktive Einstellungen, Werthaltungen, Motive und Selbstbilder zu entwickeln, eigene Begabungen, Motivationen […] zu entfalten und sich im Rahmen der Arbeit und außerhalb kreativ zu entwickeln und zu lernen«. (Erpenbeck; Rosenstiel, 2007, S. XXIV)

Aktivitäts- und umsetzungsorientierte Kompetenzen:
Die Fähigkeiten, »die eigenen Emotionen, Motivationen, Fähigkeiten und Erfahrungen und alle anderen Kompetenzen« in den eigenen Antrieb zu integrieren und Handlungen erfolgreich zu realisieren«. (ebenda)

Besonders bedeutsam für die Entwicklung einer zeitgemäßen Assistenz und Qualifizierung ist das Wissen darüber, dass Kompetenzen in Entwicklungsprozessen entstehen und dass diese Fertigkeiten und Fähigkeiten, Wissen und Qualifikation einschließen, sich jedoch nicht darauf reduzieren lassen (Erpenbeck; Rosenstiel).

»Kompetenzen kann man nicht lernen, so wie man das Einmaleins […] oder die Abfolge historischer Ereignisse lernt. Das hängt damit zusammen, dass Kompetenzen zwar von Wissen im engeren Sinne fundiert, aber von Erfahrungen konsolidiert werden. Die dabei notwendigen Regeln, Werte und Normen kann man aber nur selbst verinnerlichen, Erfahrungen nur selbst machen« (Heyse; Erpenbeck, 2009, S. XXII).

Die Anerkennung dieser Sichtweise führt notwendig zu einer veränderten Sicht auf die »Förderung« von Menschen mit Behinderung.

Das Konzept der Selbstwirksamkeit

Die Selbstwirksamkeitserwartung gilt als motivationale Kraft, Selbstwirksamkeitserleben als bedeutender Prädiktor von Lernleistungen- und Lernmotivation (Nerdinger, 2011). Die Erwartung und Vorstellung »Ich kann etwas erreichen, ich kann etwas tun« beeinflusst die Leistung, das Lernverhalten. So interpretieren Mitarbeiter mit einer hohen Kompetenzerwartung Anforderungssituationen als Herausforderung, sie gehen positiv an diese heran und sind auch bereit sich anzustrengen. Mitarbeiter mit einer niedrigen Selbstwirksamkeitserwartung erleben eher Bedrohung und Verlust und schreiben sich Misserfolge selbst zu. Letzteres Verhalten können wir täglich in den Werkstätten beobachten. Einerseits weil Menschen mit Behinderung durch Sozialisation, Ausgrenzungserfahrungen oft wenig Selbstwert entwickeln konnten, andererseits weil das herkömmliche System der Förderung und Hilfeplanung in Institutionen einseitig den Blick auf das Defizit lenkt. Angebote in der WfbM sollten deshalb so gestaltet werden, dass Selbstwirksamkeitserfahrung möglich wird. Von besonderer Bedeutung sind Handlungsspielräume, Qualifizierungsangebote und Arbeitsstrukturen, die zu einer positiven Identifikation führen. Werden dem Mitarbeiter – mit und ohne Behinderung – Handlungsspielräume vorenthalten, kann sich diese Motivation nicht entfalten.

Die Lernende Organisation

Dies führt zu der Frage, welche Organisations- und Managementstrukturen die moderne Werkstatt braucht, um entsprechende Angebote und Strukturen anbieten zu können und welche Personalentwicklungsstrategien die herkömmlichen Förderstrategien ersetzen. Dabei kann ein Blick auf die Theorie der Lernenden Organisation (Senge, 2008) weiterhelfen.

Ausgehend von dieser Theorie kann gezeigt werden, welche Organisationsstrukturen auch Personalentwicklung bei Menschen mit Behinderung in der WfbM unterstützen. Zu dieser Sichtweise gehören:

– die Entwicklung einer Dialogkultur
– Prozessorientierung und Teamlernen
– Selbstregulation in Gruppen
– Kooperations- und Konfliktlösungsfähigkeit
– demokratischer und partizipativer Führungsstil
– Unterstützung neuer Ideen (v. a. durch die Führung)
– Ideenmanagement, gemeinsame Zielsetzungsprozesse
(Frieling; Reuther, 1993).

Es ist augenscheinlich, dass jeder dieser Aspekte bedeutsam für die Arbeit in der WfbM ist. Die folgenden Praxisbeispiele zeigen, wie dies umgesetzt wird. Ebenfalls wird ersichtlich, dass Personalentwicklung behinderter Mitarbeiter nicht zu trennen ist von der Personalentwicklung der Fachkräfte.

---

2 Siehe hierzu das »Konzept der Arbeitsintegrierten Lernumgebung« der IWL GmbH; Veröffentlichung im Werkstatthandbuch der Lebenshilfe. 2008/ Band 2: Berufsbildungsbereich

Praxisbeispiele

Qualifizierung im Prozess der Arbeit – Arbeitsorganisation

Moderne Konzepte humaner Arbeitsgestaltung beschreiben Dimensionen, die sich auf das Verhalten der Mitarbeiter, deren Motivation und Lernbereitschaft auswirken. Dazu gehören eine hohe Tätigkeitsvielfalt mit ganzheitlich geprägten Aufgaben, ein hohes Maß an Autonomie, das den Mitarbeiter auffordert, Verantwortung für das Arbeitsergebnis zu übernehmen sowie eine Feedbackkultur, die dazu führt, dass konkretes Wissen über die Arbeitsergebnisse besteht.

Damit dies alles stattfinden kann, wird die Arbeitsgestaltung auf Gruppenarbeit umgestellt. Dadurch wird die Tätigkeitsvielfalt erhöht, unterschiedliche Talente und Fähigkeiten werden eingesetzt. Schlüsselqualifikationen werden trainiert, indem in der Arbeitsgruppe, im Prozess der Arbeit, Abstimmungsprozesse stattfinden. Mit der Einführung von Gruppenarbeit entsteht die Notwendigkeit, in der Produktion einen Raum zum Lernen und zum Entwickeln zu schaffen. Die Verlagerung von Verantwortung für den Produktionsprozess auf die Mitarbeiter, die Übertragung von Planungsaufgaben und die ständige Reflexion sowie die kontinuierliche Verbesserung des Produktionsprozesses machen eine entsprechende Infrastruktur in der Produktion erforderlich. Im Vordergrund steht nicht die Vermittlung einzelner Fertigkeiten, sondern eine integrierte Förderung der Fach-, Methoden- und Personalkompetenz. Das befähigt die Mitarbeiter, sich zielgerichtet handelnd und problemlösend mit den jeweiligen Anforderungen auseinanderzusetzen (Sonntag u.a., 2000).[2] Diese Arbeitsweise bedarf der Unterstützung durch die Fachkräfte, die ihr eigenes Rollenverständnis hinterfragen müssen. Ein Rollenwechsel hin zum Mentor, Prozessbegleiter oder Coach ist unabdingbar.

Zielvereinbarungen im Beruflichen Integrationsplan

Zielvereinbarungen mit den Beschäftigten erhöhen die Identifikation, die Selbstverantwortung und die Motivation. Dies besonders, wenn diese nicht von außen vorgegeben, sondern gemeinsam erarbeitet und verbindlich verabschiedet werden. Im Sinne der partizipativen Entscheidungsfindung (»Shared Decision Making«) werden alle Entscheidungen zu arbeits- und berufsbezogenen Maßnahmen gemeinsam getroffen. Hierbei werden im Gespräch die Vorstellungen und Erwartungen des Menschen mit Behinderung und der Werkstatt in Einklang gebracht (Lukasczik; Gerlich; Neuderth, 2010). Die Beteiligung an Entscheidungsprozessen führt zu einer Steigerung des Commitments gegenüber den Zielen und zu einer höheren Verpflichtung zur Zielerreichung. Locke und Latham (2002) stellen dar, dass Ziele der Handlung eine Richtung geben und die Aufmerksamkeit bzgl. handlungsrelevanter Informationen fördern. Allerdings nur dann, wenn diese hoch, aber erreichbar und klar definiert sind. Weitere Bedingungen sind, dass sie den Fähigkeiten und Fertigkeiten des Mitarbeiters und dessen Erfolgserwartung entsprechen. Dabei müssen Ziele verbindlich sein und es muss eine regelmäßige Rückmeldung erfolgen. Das heißt, Ziele sind SMART[3] zu formulieren.

In der WfbM kann ein partizipativer Aushandlungsprozess so aussehen: Im Rahmen der Begleitung und Qualifizierung werden regelmäßige, gemeinsam erarbeitete und verabschiedete Teilhabeplanungen durchgeführt. Zum Zielvereinbarungsgespräch wird der Mitarbeiter schriftlich eingeladen, sodass er/sie Zeit hat, sich auf das Gespräch vorzubereiten. Auf dieser Einladung stehen die zu besprechenden Themen, durch den Leitfaden wird ein Gespräch auf Augenhöhe gewährleistet. Für Menschen mit geistiger Behinderung wird dieser Leitfaden in einfacher Sprache angeboten und/oder visualisiert durch Piktogramme. Die gemeinsam erarbeiteten Ziele werden durch ein Protokoll mit Unterschrift verbindlich. Da SMART formulierte Ziele immer terminiert sein müssen und es keinen Sinn macht, diese nur einmal im Jahr zu überprüfen, ist die Einführung einer Verlaufsdokumentation sinnvoll. Dadurch muss nicht jedes Mal ein neuer Teilhabeplan erstellt

---

3 SMART: S=spezifisch, M=messbar, A=attraktiv, R=realistisch, T=terminiert

werden. Auch diese Verlaufsdokumentation, auf der in einem gemeinsam definierten Turnus die Zielerreichung überprüft wird, wird sowohl von der Fachkraft wie dem Mitarbeiter geführt.

Kompetenzerfassung durch den ProfilPass

Subjektorientierte Ansätze der Kompetenzerfassung, wie der ProfilPass, eröffnen den Menschen mit Behinderung einen neuen Erfahrungsraum, um mit ihren Kompetenzen in Kontakt zu kommen. Mit dem ProfilPass, der vom DIE (Deutschen Institut für Erwachsenbildung) und dem jes-Institut für Entwicklungsplanung und Strukturforschung, Hannover, entwickelt wurde, können die Mitarbeiter eine persönliche Kompetenzbilanz erstellen. Dabei sind Interessen, Rollen in der Familie und im Freundeskreis gleichwertig mit klassisch erworbenen Qualifikationen. »Der ProfilPASS ist ein Instrument, um das eigene Leben systematisch zu betrachten« (www.profilpass. de).

Die Erfahrungen sind sehr positiv. Dazu gehört auch, dass ein Profilpassberater in der Werkstatt eine externe Schulung absolviert, die vom DIE anerkannt und bestätigt wird. Wird das Instrument eingesetzt, erhält der Beschäftigte einen Arbeitsordner direkt vom DIE, ist die Arbeit an der Kompetenzbilanz abgeschlossen, übermittelt das DIE ein entsprechendes Zertifikat. Diese Vorgehensweise ist standardisiert und gilt für alle Nutzer. Eine besondere Herausforderung für das Selbstverständnis der Fachkräfte ist die Tatsache, dass der ProfilPass-Ordner dem Beschäftigten gehört und er/sie selbst entscheidet, wie er/sie mit den Informationen umgeht.

Die Praxis ist, dass die Art der Bearbeitung ausgehandelt wird. So kann es sein, dass einzelne Kapitel in Form von Gruppenarbeit, andere wiederum alleine oder mit der Fachkraft bearbeitet und ausgewertet werden. Die Rückmeldung der Menschen mit Behinderung ist sehr positiv. Der Perspektivwechsel auf Fähigkeiten und Erfahrungen auch außerhalb der beruflichen und schulischen Sozialisation wirkt entlastend und erweitert den Blick auf das eigene Leben. Das gilt insbesondere auch für Menschen mit geistiger Behinderung – hier setzen wir den ProfilPass für Jugendliche ein.

Qualitätsmanagement – Mitarbeiter mit Behinderung als Interne Auditoren
Das Qualitätsmanagement, der KVP (Kontinuierlicher Verbesserungsprozess) und das Ideenmanagement sind wesentliche Aspekte einer zeitgemäßen Unternehmenskultur, gelten also auch für die WfbM. Die Mitarbeiter mit Behinderung sind aus diesen Prozessen häufig noch ausgeschlossen. Wenn Inklusion bedeutet »…die vorbehaltlose und nicht weiter an Bedingungen geknüpfte Einbezogenheit und Zugehörigkeit« (Wunder, 2012, S. 5), dann folgt daraus, dass die Mitarbeiter in solche Prozesse eingearbeitet werden und eine entsprechende Qualifizierung durchlaufen können. Derzeit werden in der IWL GmbH Menschen mit psychischer Behinderung in einem eigens konzipierten Lehrgang zum Internen Auditor qualifiziert. In diesen Workshops werden sie in das Qualitätsmanagementkonzept eingearbeitet, sie erlernen in Rollenspielen Grundlagen der Kommunikation und den Umgang mit Konflikten. Besonders wichtig ist die Auseinandersetzung mit dem Themenkomplex »Mensch mit Behinderung spricht mit Mensch ohne Behinderung« – der meist ein potenzieller Vorgesetzter sein kann – über Erfolge, Fehler und Verbesserungsvorschläge. In ihren Betrieben sind die ausgebildeten Internen Auditoren gemeinsam mit den Vorgesetzten für das Qualitätsmanagement zuständig. Hier kommunizieren sie einerseits mit den

Fachkräften und andererseits mit ihren Kollegen mit Behinderung. Die Herausforderungen hinsichtlich personaler und sozialer Kompetenzen sind beträchtlich. Kann die Angst mit Unterstützung der Fachkräfte überwunden werden, dann ist der Zugewinn an Stolz und dem Gefühl etwas bewirken zu können außerordentlich. Die Fachkräfte wiederum müssen sich damit auseinandersetzen, dass im Prozess eines internen Audits Mitarbeiter mit Behinderung auf Probleme hinweisen. Ein solcher Perspektivwechsel fordert alle Beteiligten heraus.

Fazit

Nicht nur weil »Sprache Wirklichkeit schafft« (Watzlawick), sollten wir Begriffe, die den Menschen mit Behinderung zum Empfänger von Förderung macht, aufgeben, sondern auch, weil der Wertewandel die Werkstätten erreicht. Diese umfassenden Verhaltens- und Einstellungsänderungen, die die Individualisierung, die Emanzipation sowie die Auseinandersetzung mit der materiellen und nicht materiellen Umwelt betreffen, schlagen sich auch in der Debatte nach der Notwendigkeit unserer Angebote nieder. Die UN-Konvention steht in dieser Tradition.

Die Werkstatt als ein Ort beruflichen und sozialen Lebens hat dann eine gute Zukunft, wenn es uns gelingt, an diesen Wertediskussionen aktiv teilzunehmen und dabei die Mitarbeiter mit Behinderung mitzunehmen.

Literatur:

Biermann, Horst; Bonz, Bernhard (2011): Inklusive Berufsbildung. Baltmannsweiler: Schneider Verlag Hohengehren

ergo-online: vgl. Check Beschäftigungsfähigkeit, http://www.ergo-online.de/site. aspx?url=html/gefaehrdungsbeurteilung/checklisten_handlungsanleitun/ beschaeftigungsfaehigkeit.htm. Abgerufen am 8. Juni 2012

Erpenbeck, John; Rosenstiel, Lutz von (2007): Handbuch Kompetenzmessung. Stuttgart: Verlag Schäffer-Poeschel

Frieling, Ekkehart; Reuther, Ursula (1993): Das lernende Unternehmen. Dokumentation einer Fachtagung am 6. Mai 1993 in München. (Reihe: Studien der betrieblichen Weiterbildungsforschung). Bochum: Neres Verlag

Heyse, Volker; Erpenbeck, John (2009): Kompetenztraining. Stuttgart: Verlag Schäffer-Poeschel

Locke, E.A.; Latham, G.P. (2002): Der Hochleistungszyklus. In: Windisch, Renate; Zoßeder, Jutta (Hg.) (2006): Sozialwissenschaften für die Ergotherapie. Kapitel 7: Traut-Mattausch, Eva: Organisationspsychologie. München: Verlag Elsevier

Lukasczik, M.; Gerlich, C.; Neuderth, S. (2010): Förderung der Motivation zur Auseinandersetzung mit arbeits- und berufsbezogenen Problemlagen in der medizinischen Rehabilitation durch Partizipative Entscheidungsfindung. Heidelberg: Zeitschrift für Medizinische Psychologie

Nerdinger, Friedemann; Blickle, Gerhard; Niclas Schaper (2011): Arbeits- und Organisationspsychologie. Berlin Heidelberg: Springer-Verlag, 2. Auflage

OECD: http://www.oecd.org/dataoecd/36/56/35693281.pdf. Abgerufen im Juni 2012

Pörtner, Marlis (2000): Ernstnehmen, Zutrauen, Verstehen. In: Behinderte in Familie, Schule und Gesellschaft Nr. 3/2000. Reha Druck Graz. Veröffentlichung im Internet: www.bidok.de – Volltextbibliothek (2005)

Senge, Peter M. (2008): Die fünfte Disziplin: Kunst und Praxis der lernenden Organisation. Stuttgart: Verlag Schäffer-Poeschel

Sonntag, Karlheinz; Stegmaier, Ralf; Müller, Birgit (2000): Leitfaden zur Implementation arbeitsintegrierter Lernumgebungen. Bundesinstitut für Berufsbildung. W. Bertelsmann Verlag

Steinhart, Ingmar (2010): Der Weg zu einer inklusiveren Gesellschaft – Herausforderung für alle. In: Wittig-Koppe, Holger; Bremer, Fritz; Hansen, Hartwig (Hg.): Teilhabe in Zeiten verschärfter Ausgrenzung? Kritische Beiträge zur Inklusionsdebatte. Neumünster: Paranus Verlag

Traut-Mattausch, Eva (2006): Organisationspsychologie. In: Windisch, Renate; Zoßeder, Jutta: Sozialwissenschaften für die Ergotherapie. München: Verlag Elsevier

Wunder, Michael (2012): Fürsorglicher Zwang – eine ethische Herausforderung in der psychiatrischen Praxis. In: Soziale Psychiatrie, Heft 3

Kurz gefasst

Einrichtung: *ISAR-WÜRM-LECH IWL Werkstätten für behinderte Menschen gemeinn. GmbH*

Zielgruppe: *Menschen mit geistiger Behinderung, Menschen mit psychischer Behinderung, Menschen mit Schwerstmehrfachbehinderung*

Zahl der Beschäftigten einschließlich Förderstätte: *547*

Kontaktperson: *Christian Boenisch, Geschäftsführer | Rudolf-Diesel-Straße 1 | 86899 Landsberg am Lech |*
Tel. 08191/92 41 0 | Fax 08191/92 41 98 |
E-Mail: christian.boenisch@wfb-iwl.de | www.wfb-iwl.de |

Autorin des Beitrags: *Renate Windisch, Diplom Psychologin (Univ.), Ergotherapeutin*
E-Mail: renate.windisch@wfb-iwl.de

Gemeinsames Forschen für mehr Teilhabe am Arbeitsleben

Das »PEZ-Projekt der Heilpädagogischen Hilfe Osnabrück

Das PEZ-Team (2009 – 2012)
Hintere Reihe v. l.:
Heiko Schulte, Stefan Münstermann, Michael Scholz,
Rainer Gronow, Marjan Tysz,
Lisa Oermann
Vordere Reihe v. l.:
Sabine Dühnen, Lydia Neiberger,
Nicole Eggert, Claus Pingel
Es fehlen: Cornelia Kammann,
Markus Kolbe

Mehr Teilhabe für alle! – So lautet die aktuelle Maxime, legt man sowohl das Sozialgesetzbuch IX als auch die Leitideen und Deklarationen der 2009 ratifizierten UN-Konvention über die Rechte von Menschen mit Behinderungen zugrunde. In diesen Dokumenten mit hoher Verbindlichkeit wird die konsequente Umsetzung von Teilhabe von Menschen mit Behinderungen in allen Lebensbereichen – auch im Arbeitsleben – in den Mittelpunkt gestellt. Die Inklusionsforderung der UN-Konvention sowie die Befähigung und Ermächtigung zur Teilhabe und Selbstbestimmung von Menschen mit Behinderungen stellen ein zentrales Anliegen von Institutionen der Behindertenhilfe dar. Werkstätten für behinderte Menschen sind als »Einrichtung zur Teilhabe« (§136 SGB IX) dazu aufgefordert, ihre bestehenden Vorstellungen, Konzepte und Gestaltungen zu überprüfen und weiterzuentwickeln – von der paternalistischen Fürsorge hin zur Anerkennung von Selbstbestimmung,

Teilhabe und Mitwirkung für Menschen mit Behinderungen. Ihre Bedürfnisse, Sichtweisen und Interessen sind Ansatzpunkt für die professionelle Unterstützung.

Mehr Teilhabe am Arbeitsleben – das war auch das Ziel des PEZ-Projekts, das es gemeinsam *für* und vor allem *mit* Beschäftigten einer Werkstatt für behinderte Menschen (WfbM) zu erarbeiten galt:

Das Projekt PEZ (PersönlichkeitsEntwicklung und Zufriedenheitsermittlung) der Osnabrücker Werkstätten der Heilpädagogischen Hilfe Osnabrück zeigt, wie mithilfe Inklusiver Forschung und Projektarbeit die Teilhabe am Arbeitsleben für Menschen mit Behinderungen verbessert werden kann.

Marjan Tysz, der beruflich in einer Werkstatt für behinderte Menschen Räder montiert, hat sich vor drei Jahren sehr bewusst für die Mitarbeit im PEZ-Projekt entschieden: »Ich dachte, das würde uns mal ganz guttun, ein bisschen Wind bei uns in die Werkstätten zu bringen. Man hat ja immer den Eindruck gehabt, dass wir als Beschäftigte eigentlich gar nichts zu melden haben, ne? Da könnte man ein bisschen was rauskitzeln, dass wir doch etwas mehr Rechte haben. Und darum hab ich da teilgenommen.«

Konsequent inklusiv

Im März 2009 wurde mit einer Laufzeit von drei Jahren das von Aktion Mensch geförderte Projekt PEZ ins Leben gerufen und mit dem Ziel der Erprobung, (Weiter-) Entwicklung und Implementierung von Instrumenten zur PersönlichkeitsEntwicklung und Zufriedenheitsermittlung in den Osnabrücker Werkstätten durchgeführt. Dabei schlägt das Projekt einen im Sinne der UN-Konvention konsequent inklusiven Weg ein, indem es Beschäftigte der Werkstatt unmittelbar einbezieht. Das bedeutet: Menschen mit Behinderungen sind gleichberechtigte Partner, aktive Mitgestalter und Mitwirkende in der Forschung zu Selbstbestimmung und Teilhabe, die sie unmittelbar betrifft. »Teilhabe wird in diesem Projekt großgeschrieben: Die Idee war es, neue und praktische Ideen für mehr Teilhabe zu entwickeln und gleichzeitig durch die Arbeitsweise Vorbild für Teilhabe zu sein«, erklärt Sabine Dühnen.

Gemeinsam untersuchten neun Werkstattbeschäftigte mit drei (Sozial-) Pädagog/inn/en und einer Projektleiterin im PEZ-Team folgende Fragen:
– Wie kann für Menschen mit Behinderung an ihrem Arbeitsplatz in der WfbM eine möglichst große Mitwirkung und Teilhabe erreicht werden?
– Wie können sie mitreden und mitentscheiden?
– Wie können sie sagen, was ihnen gefällt und womit sie unzufrieden sind?
– Wie können sie Ziele und Wünsche finden und verfolgen?
– Und was bedeutet überhaupt Persönlichkeitsentwicklung und Zufriedenheitsermittlung?

Über all diese Fragen haben sie miteinander in vielen Arbeitssitzungen nachgedacht.

Marjan Tysz hat in den drei Jahren bei PEZ viel gelernt: »Wenn ich jetzt zu Leuten hingehe, weiß ich, wovon ich rede. PEZ – Persönlichkeitsentwicklung und Zufriedenheitsermittlung, da hatte ich erst dran zu knabbern, dass ich das auseinanderhalte. Da konnte ich erst gar nichts mit anfangen. Erst jetzt weiß ich, worum es eigentlich geht, was ist machbar, was nicht. Aufklärung und Information, was wir für andere mit dem Projekt erreichen wollten, mussten wir erst mal selbst lernen. Ich habe auch gelernt, Arbeitstreffen und Vorträge zu organisieren und vorzubereiten. Habe gelernt, mich zu konzentrieren und länger durchzuhalten, wo ich vorher auch Bedenken hatte, ob ich das schaffe, drei Jahre lang mich so auf neue Sachen zu konzentrieren.«

Und natürlich musste die Projektgruppe auch lernen, gemeinsam zu arbeiten. Die Arbeits- und Projektsituation war für alle zunächst neu: zum einen wegen der Zusammensetzung der Projektgruppe, in der unterschiedliche Behinderungsarten repräsentiert waren, zum anderen aufgrund der ungewohnten, oft theoretischen Auseinandersetzung mit den Projektthemen und der Vermittlung der Projektergebnisse an die interne und externe Werkstattöffentlichkeit. Folgende Aspekte gewannen während des Projekts für die Gruppe an Bedeutung:

Etablierung einer teilhabeorientierten Kommunikationskultur

Da sich das PEZ-Projekt mit seinen Zielen und Arbeitsweisen direkt an Menschen mit Behinderungen richtete, erforderte es eine zielgruppen- und teilhabeorientierte Kommunikation, die jeder verstehen kann. Häufige Barrieren wie die ausschließliche Verwendung von Fachsprache oder Veröffentlichungen von Informationen nur in schriftlicher Form, ein eingeschränkter Zugang zu Informationen (Internet) sowie fehlende Hinweise auf interessierende Themen durch Dritte oder kaum Unterstützung beim Verstehen von Informationen machen eine teilhabeorientierte Kommunikationskultur erforderlich. Im Projekt wurde sie u.a. durch eine konsequente Verwendung von Leichter Sprache und durch eine zeitlich zwar aufwendige, dennoch aber sehr wichtige aufsuchende Kommunikationsarbeit umgesetzt (bei der nicht nur Flyer verteilt wurden, sondern Unterstützung für die Aneignung der Informationen gewährleistet wurde). Dabei wurde Schriftsprache durch feste Vorleseangebote ergänzt. Diese Aufgabe wurde auch von den Beschäftigten in ihrer neuen Rolle als Projektmitarbeiter übernommen.

Entwicklung des Tätigkeitsprofils »Projektexperte« und Aneignung neuer Kompetenzen

Die Mitarbeit im PEZ-Projekt bedeutete für die Beschäftigten einen neuen (Teilzeit-)Arbeitsplatz in der WfbM, der die Aneignung neuer Tätigkeiten bzw. Erweiterung bereits vorhandener Kompetenzen von ihnen erforderte. Die Fähigkeit zum Perspektivwechsel musste eingeübt werden, da die Sichtweisen anderer Personenkreise aus der Werkstatt für die Projektarbeit enorm wichtig waren. Die Entwicklung von Kompetenzen zur inhaltlichen Auseinandersetzung mit den Projektthemen – im Gegensatz zur sonst eher handwerklich orientierten Tätigkeit in Werkstätten – und die Planung und Durchführung von Vorträgen und Veranstaltungen wurden auf den ganztägigen Teamtreffen immer wieder eingeübt. Das kostete zwar große (vorher nicht so eingeplante) zeitliche Ressourcen, machte aber die gemeinsame Arbeit im Projekt erst möglich. Das Sich-einfinden in die jeweilige Rolle des Projektmitarbeiters ist so für alle Beteiligten gelungen – auch wenn dies zeitweilig immer wieder als eine Herausforderung sowohl für die Beschäftigten als auch für die festangestellten Pädagogen darstellte.

Teamentwicklung und Arbeit im Projektteam

Die im Projekt beschäftigten Menschen mit Behinderung waren Beschäftigte aus unterschiedlichen Standorten der Osnabrücker Werkstätten und brachten vielfältige Blickwinkel in die Projektarbeit ein. Die Heterogenität der PEZ-Experten brachte Herausforderungen mit sich, die es zu moderieren und zu lösen galt, um die Projektaufgaben erfolgreich zu bewältigen. Damit verbunden war der Anspruch, Verhaltensweisen aufzubauen, die es allen Kollegen in der Projektgruppe ermöglichten, teilzuhaben. Konkret bedeutete das zum Beispiel die Entwicklung einer gemeinsamen Identität als

Projektgruppe – trotz und gerade aufgrund der großen Unterschiedlichkeit der Mitglieder. Berührungsängste mussten zunächst abgebaut, die Rücksichtnahme auf verschiedene Lerngeschwindigkeiten und das Verstehen von verschiedenen, teils auch undeutlichen Sprechweisen mit der Zeit gelernt werden.

Eine besondere Funktion übernahm Claus Pingel im Projekt auch auf eigenen Wunsch: Er wurde zum Beauftragten für *Menschen mit hohem Hilfebedarf* und bekam die Aufgabe, im Kontext der Projektthemen die Belange und Passung der Ergebnisse für diesen Personenkreis zu beachten. Hierbei konnte er immer wieder seine besonderen Kenntnisse in die Projektarbeit einfließen lassen. Er betont: »Ich kann Beschäftigte mit hohem Hilfebedarf ein 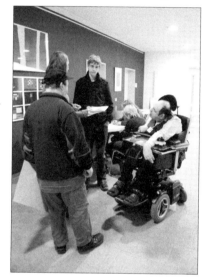 bisschen mehr verstehen als ihr alle zusammen. Weil ich selber einen hohen Hilfebedarf habe.« So macht Claus Pingel seinen großen Erfahrungsschatz deutlich, von dem das gesamte Team sehr profitieren konnte.

Die Mitglieder der Projektgruppe haben in den drei ideen- und ergebnisreichen Jahren viel gelernt und sich persönlich weiterentwickelt. Sie selbst sammelten bei einem der Reflexionstreffen folgende Aspekte:
- Rücksicht aufeinander nehmen, gut zuhören, sich verstehen und respektieren, eine andere Sichtweise einnehmen
- die eigene Meinung sagen, sich durchsetzen und zurücknehmen
- eine eigene Aufgabe übernehmen, sich etwas zutrauen
- ein gutes Team werden
- planen und vorbereiten, Protokolle und Berichte schreiben, Vorträge halten und vor vielen Menschen etwas erzählen
- verschiedene Werkstätten erreichen mit Bus und Bahn

Sabine Dühnen ergänzt: »Auch ich habe in der Projektzeit viel gelernt. Die Übersetzung von Informationen in Leichte Sprache, die Gestaltung und Vorbereitung von Arbeitstreffen, sodass jeder teilhaben kann, gehören genauso dazu wie die Assistenz bei Toilettengängen oder beim Essen. Diese notwendigen Aufgaben verlangten Geduld, Zeit und gegenseitiges Vertrauen.«
Nicht nur das Projektteam hat während der Projektzeit viel gelernt. Das PEZ-Team hat auch Mitarbeitern und anderen Beschäftigten gezeigt, worum es ihnen bei PEZ geht und welche Ideen sie für mehr Teilhabe am Arbeitsleben haben.

Inklusive Materialien

Auf diese inklusive Projektarbeitsweise sind Materialen und Instrumente entstanden, die es behinderten Menschen erleichtern, am Arbeitsleben teilzuhaben. Ebenso richten sich die inklusiven Materialien an Unterstützer und Mitarbeiter von Einrichtungen der Behindertenhilfe. Die beschriebenen Erfahrungen und Arbeitsergebnisse als Handwerkszeug für die Arbeit sollen Mitarbeiter dabei unterstützen, Menschen mit Behinderungen besser zu verstehen, ihre Wünsche und Ziele zu erkennen, und so zu Teilhabe und Mitwirkung beitragen.

Das Projektteam entwickelte im Laufe des Projekts über 25 verschiedene Möglichkeiten, um u.a. mit Hilfe von Arbeitsblättern zu einzelnen Themen ins Gespräch zu kommen. Grundlagen- und Informationsmaterial zum Beispiel zur Eingliederungsplanung oder zur Arbeitsplatzbeobachtung spielen dabei genauso eine Rolle wie die Auseinandersetzung mit den eigenen Stärken, das Finden eigener Ziele im Arbeitsleben, die Dokumentation der Ergebnisse oder die Zufriedenheit mit dem Arbeitsplatz und seinem Umfeld. Zahlreiche Materialien aus der Persönlichen Zukunftsplanung wurden an das Thema »Teilhabe am Arbeitsleben« angepasst[1].

Das Arbeitsblatt »*Diese Arbeiten möchte ich machen*« unterstützt beispielsweise beim Finden der eigenen Wünsche. Auf insgesamt sechs Seiten werden Beispiele für mögliche Arbeitstätigkeiten in der Werkstatt aufgeführt. Es kann als Vorbereitung für ein Gespräch dienen – vielleicht füllt der Werkstattbeschäftigte es für sich alleine aus, vielleicht auch mit einer Person seines Vertrauens – oder es gibt dem Gespräch zur Hilfe-/Eingliederungsplanung eine für alle sichtbare Struktur.

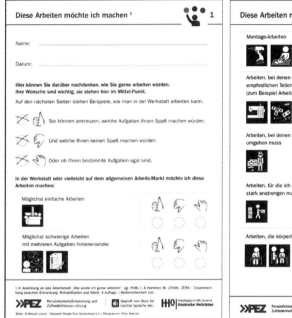

Abb.: Das Arbeitsblatt »Diese Arbeiten möchte ich machen« (S. 1 - 2 von 6)

Die »Lieblings-Tätigkeiten« sind auf unterschiedliche Arbeitsblätter verteilt: Dinge, die ich jeden Tag tue, können genauso im Mittelpunkt der Auseinandersetzung stehen wie die Tätigkeiten bei der Arbeit oder mit anderen Menschen zusammen.

---

1 Vgl. Doose, S. / von Kaan, P (1999): Zukunftsweisend: Peer Counseling und Persönliche Zukunftsplanung; Plößl, I. / Hammer, M. (2008): ZERA – Zusammenhang zwischen Erkrankung, Rehabilitation und Arbeit. 4. Auflage; Gulder, A. (2004): Finde den Job, der dich glücklich macht. Von der Berufung zum Beruf; Emrich, C. / Gromann, P. / Niehoff, U. (2009): Gut leben. Persönliche Zukunftsplanung realisieren – ein Instrument. Marburg: Lebenshilfe-Verlag; Lindmeier, B. / Oermann, L. / Trümper, C. (2011): Mein Lebensbuch. Selbstverlag.

Ein anderes Beispiel ist auch die *Zufriedenheits-Ermittlung durch Gruppen-Gespräche*. Neben einer ausführlichen Erklärung zu den Gesprächen wird die Vorgehensweise beschrieben und ein Protokollbogen zur Verfügung gestellt – alles natürlich in Leichter Sprache.

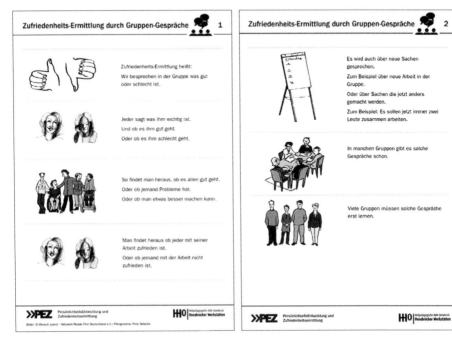

Abb.: Das Arbeitsblatt »Zufriedenheits-Ermittlung durch Gruppen-Gespräche« (S. 1 - 3 von 5)

Neben den hier nur kurz vorgestellten Materialien wurde unter anderem auch das *Betriebliche Vorschlagwesen* mit seinen Formularen in Leichter Sprache verfasst. Ein *Aktionsplan* macht es den Werkstattbeschäftigten nun noch besser möglich, vereinbarte Maßnahmen zu verfolgen und einzufordern. *Wichtige Personen* und *Gute Arbeitsbedingungen* werden thematisiert und die *Arbeits-Platz-Beobachtung* nimmt objektive ergonomische Kriterien auf, um die Zufriedenheit jedes Einzelnen in der Werkstatt erhöhen zu können.

Fazit und Ausblick

Herr Tysz, Herr Pingel und ihre Kolleg/inn/en im Forschungsteam haben all diese Materialien im Laufe des PEZ-Projekts erarbeitet, erprobt und auf vielen Veranstaltungen vorgestellt. So wurden sie im Laufe der Projektzeit

Abb.: Das Arbeitsblatt »Protokoll von unserem Gruppen-Gespräch«

zu öffentlichen Rednern. U.a. an der Leibniz Universität in Hannover und auch auf der Werkstätten:Messe in Nürnberg erklärten sie ihren Zuhörern Wichtiges über Persönlichkeitsentwicklung und Zufriedenheitsermittlung und berichteten über ihre Arbeit und ihre Ergebnisse.

Im gesamten Projekt wurde deutlich: Teilhabe benötigt sehr viel Geduld und Zeit – und damit auch andere Ressourcen. Eine Werkstatt, die konsequent den Weg zu mehr Teilhabe am Arbeitsleben geht und Inklusion auch in ihren eigenen Strukturen umsetzen möchte, muss bereit sein für Veränderungen und für Investitionen – sowohl bei Sach- als auch bei Personalkosten.

Zahlreiche Instrumente und Vorschläge zur Umsetzung von mehr Teilhabe am Arbeitsleben sind mit Hilfe der »Experten in eigener Sache« entwickelt worden. Die Erfahrungen, Ergebnisse und Empfehlungen der Projektarbeit sind in einem ausführlichen Forschungsbericht mit vielen Bildern und Erklärungen in Leichter Sprache festgehalten.

Eine Veröffentlichung der Projektergebnisse »Mehr Teilhabe am Arbeitsleben – Inklusive Materialien« ist gemeinsam mit dem Lebenshilfe-Verlag geplant.

Kurz gefasst

Einrichtung bzw. Werkstatt: *Osnabrücker Werkstätten gGmbH*

Projektname: *PEZ-Projekt (PersönlichkeitsEntwicklung und Zufriedenheitsermittlung)*

Zielgruppe: *Menschen mit geistigen und ggf. körperlichen sowie psychischen Beeinträchtigungen im Alter von ca. 18 bis ca. 65 Jahren*

Zahl der Beschäftigten: *ca. 2000*

Kontaktpersonen: *Dr. Cornelia Kammann, Sabine Dühnen*

Kontaktdaten: *Osnabrücker Werkstätten gGmbH | Caprivistraße 30a, | 49076 Osnabrück | Tel. 0541/969 3707 | E-Mail: pez@os-hho.de |*

Autorinnen des Beitrags: *Dr. Cornelia Kammann, Sabine Dühnen, Lisa Oermann*

Ideen und Probleme

Mitwirkung auf allen Ebenen

Das Domino-Konzept der Lewitz-Werkstätten gem. GmbH Parchim

Wie das Domino-Konzept in den Parchimer Lewitz-Werkstätten funktioniert, beschrieb eine Reporterin des Fachmagazins KLARER KURS in der Ausgabe 1 / 2009:

>*»Manuel soll nicht in der Umkleide rumstehen«, liest Bürgermeister Marco Pfitzke von einem Zettel vor. »Irgendwohin muss ich aber«, rechtfertigt sich Rollstuhlfahrer Manuel Manthey. Die 14 Mitarbeiter der Dorfgruppe ELMO sind um einen Tisch versammelt und hören aufmerksam zu. Da meldet sich der Zettelschreiber und bekräftigt: »Ich finde es blöd, wenn Manuel immer alles blockiert.« Gemurmel und unschlüssige Blicke folgen. Der Bürgermeister erteilt Gruppenleiter Thomas Damaschke das Wort. »Ich schlage vor, Manuel soll sich in Zukunft etwas beeilen, er kann ja nichts dafür, dass sein Rolli so viel Platz einnimmt.« Alle sind einverstanden und Marco Pfitzke nimmt den nächsten Zettel zur Hand. »Der kommt von mir. Ich möchte einen Zettelkasten an unserer Domino-Tafel haben, damit wir für das Papier nicht immer ins Büro laufen müssen.« Ein Blick in die Runde: »Wer ist dafür?« Fast alle heben den Arm. »Wer übernimmt die Aufgabe?« Kein Arm geht hoch. »Ich bestimme, dass Enrico das übernimmt.« Der nickt vage, und der Bürgermeister bittet seine Stellvertreterin Katrin Grabow, Name, Aufgabe und Erledigungsdatum aufzuschreiben.*

Diese Momentaufnahme aus der Mitarbeiterversammlung der Elektro-montage-Gruppe war und ist typisch für das Domino-Konzept. Es ist ein Weg zu mehr Mitbestimmung und Qualitätssicherung in der WfbM. Werkstattbeschäftigte werden befähigt, aktiv an der Weiterentwicklung der Werkstatt mitzuarbeiten.

Eine Idee aus Frankreich

Die Idee, dass sich Arbeitsgruppen als Dörfer begreifen, die ihre eigenen Belange regeln, stammt aus Frankreich. Dort trägt sie die Bezeichnung »Kristall« und wird seit 1997 praktiziert. Das Projekt hatte in ganz Frankreich reges Interesse erzeugt und galt dort als guter Weg der Mitarbeiterbeteiligung und Qualitätssicherung. 2002 nahm die Geschäftsleitung der Lewitz-Werkstätten mit einer französischen Integrationsfirma, den Bretagne-Ateliers, Kontakt auf, um zu prüfen, ob sich das Konzept auch nach Deutschland übertragen lässt. In den Bretagne-Ateliers waren in fünf Jahren unter anderem 420 Optimierungsvorschläge eingereicht worden. Das Betriebsklima hatte sich durch das System erheblich verbessert.

Unter der Leitung von Werkstattleiter Marko Schirrmeister bildeten die Lewitz-Werkstätten 2004 eine Projektgruppe, die zwei Wochen lang die französische Integrationsfirma besuchte und im Anschluss daran mit der Umsetzung des eigenen Projekts begann. Sie gab ihm den Namen Domino. Die Gruppe erarbeitete Formulare, erstellte die Infotafel, entwickelte ein Logo.

Zwölf behinderte Mitarbeiter hatten 2005 und 2006 ebenfalls die Möglichkeit, in Frankreich für jeweils drei Wochen »Kristall« kennenzulernen. Sie erlebten die Arbeitsmittel des Konzepts in Funktion, tauschten berufsbezogene Erfahrungen aus und konnten anschließend als Multiplikatoren ihre Erkenntnisse weitergeben.

Der Start

Die ersten Produktionsgruppen starteten mit Domino im Jahre 2005. Jahr für Jahr kamen weitere Dörfer hinzu. Sie unterstützten sich gegenseitig und gingen Patenschaften ein, um sich beim Start zu helfen. Seit Januar 2012 arbeiten alle Gruppen innerhalb der Werkstatt mit dem Domino-Konzept. Wie jedes neue Verfahren, brauchte auch Domino einige Zeit, bis sich alles eingespielt hatte. So dauerten die Versammlungen anfangs über zwei Stunden, bis die Themen gefunden waren und jeder angemessen zu Wort kam. Dieser Zeitraum hat sich mittlerweile sehr verkürzt, die Mitarbeiter hören sich gegenseitig zu, lassen sich ausreden und übernehmen eigenverantwortliche Aufgaben. Anfangs war auch nicht jeder Mitarbeiter von dieser Form direkter Demokratie zu überzeugen. Gruppenleiter Thomas Damaschke erinnert sich an die Anfänge: »Es gab Mitarbeiter, die einfach weitergearbeitet haben. Dann merkten sie, dass sie vieles nicht mitbekamen, wurden neugierig und irgendwann wollten sie doch dabei sein.«

Die Domino-Tafel

Zentrales Instrument des Domino-Konzepts ist die Domino-Tafel, die jede Gruppe für ihre Arbeit benötigt. Auf ihr sind alle wichtigen Informationen, Handlungen, Probleme, Ideen und Produktionsabläufe festgehalten und somit für jeden ständig präsent. Geschäftsführer Marko Schirrmeister erläutert ihre Funktion: »Die Tafeln sind nicht zur Kontrolle da, sondern zeigen den Prozess eines Dorfes und schaffen damit Transparenz. Die einzelnen Felder auf der Tafel sind durch rote Pfeile verbunden. Aus dem Feld *Ideen und Probleme* weisen sie auf die Felder *Selbstbewertung* und *Handlungen*. Von da aus geht es weiter zu den *Fortschritten*. Die Tafel ist so gestaltet, dass auch Mitarbeiter mit einem hohen Grad der Behinderung mit ihr arbeiten können.«

Domino-Tafeln sind immer gleich aufgebaut. Die Überschriften und die Inhalte der Felder sind festgelegt und in einer Checkliste zusammengefasst. Der Vorteil: Bei einem Gruppenwechsel oder bei einer Patenschaft zwischen Domino-Dörfern treten keine Fragen oder Probleme auf. Das System ist immer das Gleiche. Auch die Fachkraft für Arbeits- und Berufsförderung, der

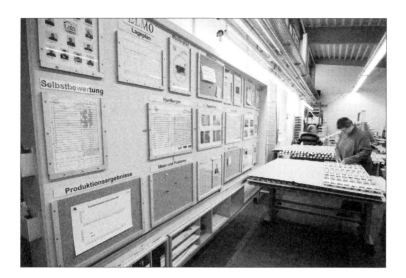

Begleitende Dienst oder die Bürgermeister können mit einem Blick erfassen, wo das Dorf gerade steht. Formulare und Tabellen haben größere Textfelder als üblich, damit die Dorfbewohner mehr Platz zum Schreiben haben.

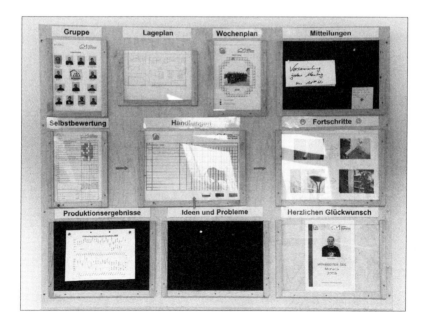

Foto-Dokumentation

Auch wer zur Gruppe gehört und damit zu den Dorfbewohnern zählt, ist auf der Domino-Tafel ablesbar. Seit Beginn des Projekts werden von allen Beschäftigten Fotos gemacht und in das Computersystem der Lewitz-Werkstätten eingearbeitet. So steht immer ein aktuelles Gruppenbild zur Verfügung. Die Fortschritte können die Mitarbeiter ebenfalls per Foto festhalten und damit Veränderungen für alle sichtbar darstellen. In der Bewertung werden die Farben Rot, Grün und Gelb verwandt, also Farben, die aus dem Straßenverkehr bekannt sind. Rot steht für »STOP! Hier ist etwas nicht in Ordnung«, Grün für »Gut, es geht weiter«.

Wie mit Domino gearbeitet wird

Domino-Versammlungen finden einmal in der Woche statt. Die Zeit dafür legt die Gruppe selber fest. Jedes Dorf wählt einen Bürgermeister und einen Stellvertreter. Diese Funktionen sind mit bestimmten Aufgaben verbunden. Dazu gehören das Vorbereiten, Leiten und Auswerten der wöchentlichen Versammlung, die Aktualisierung der Tafel mit der Dokumentation des Handlungsplans und der Aufgabenverteilung, die Organisation der regel-

mäßigen Selbstbewertung in vorgegebenen Kategorien, das Führen von Formblättern und das Schreiben bzw. Schreibenlassen der Versammlungsprotokolle. Erforderliche Unterlagen fordern die Mitarbeiter bei den zuständigen Funktionsträgern der Werkstatt an. Je nach Grad und Schwere der Behinderung können Beschäftigte sich Unterstützung bei ihrer Fachkraft oder anderen Personen aus der Werkstatt holen. Auch zu den Versammlungen kann jedes Dorf zu bestimmten Fragestellungen Gäste einladen, etwa den Begleitenden Dienst, den Produktionsleiter, die Fachkraft für Arbeitssicherheit oder den Werkstattleiter. Für die Gestaltung der Versammlung gibt es im Domino-System Themenlisten, die als Anregungen dienen können. In ihnen sind werkstatttypische Probleme oder Aufgaben aufgezeigt.

Fortbildung

Der Erfolg des Domino-Konzepts hängt davon ab, dass alle Gruppenmitglieder aktiv beteiligt sind. Erreicht wird dies durch jährliche Domino-Fortbildungen. Mitarbeiter, die bereits Erfahrung haben, bringen ihr Wissen in die Fortbildung ein und treten mit den »Neulingen« in Austausch. Sie fungieren als Experten und Fortbilder und verstehen ihre Rolle als Begleiter und Wegbereiter. Als Schulungsmaterial hat die Projektgruppe außerdem Materialien entwickelt, die für Teilnehmer mit unterschiedlichen Fähigkeiten und Vorerfahrungen anzuwenden sind. In ihrem Zentrum steht die Arbeit von Bürgermeistern und Stellvertretern. Die Handreichungen sind in vier Module aufgeteilt. Sie umfassen die Domino-Tafel, die Domino-Versammlung, die Aufgaben des Bürgermeisters und die Wahlen.

Das Domino-Prinzip ist nicht starr, sondern erfordert ständige Ergänzung, Kombination und Veränderung. Aktuelle Unterlagen dienen somit lediglich als Beispiele und Anregungen. Domino bleibt ein lebendiges System.

Arbeitsaufwand

In den ersten Jahren gab es zweimal im Jahr ein Domino-Treffen der Fachkräfte für Arbeits- und Berufsförderung, die bereits mit dem System arbeiteten, um Entwicklungen zu diskutieren und sich gegenseitig zu unterstützen.

Mittlerweile sind die Mitglieder der Lenkungsgruppe Ansprechpartner und Sprachrohr für die Fachkräfte in der Werkstatt. Die Lenkungsgruppe besteht aus einer Fachkraft pro Betrieb (die Lewitz-Werkstätten haben drei Betriebsstätten), die Leiterin des Begleitenden Dienstes, der Mitarbeiterin für Qualitätssicherung und dem Werkstattleiter. Die Runde trifft sich dreimal im Jahr, um anfallende Fragen und Probleme zu diskutieren und das Projekt weiterzuentwickeln. Die jährlichen Domino-Fortbildungen werden von dazu ausgewählten Fachkräften für Arbeits- und Berufsförderung durchgeführt. Formulare, Bilder und Tabellen sind im Computersystem der Lewitz-Werkstätten gespeichert und werden bei Bedarf angepasst. Zuständig ist dafür ein Mitarbeiter des Begleitenden Dienstes. Die Domino-Dörfer kümmern sich selbstständig um die Organisation ihrer Unterlagen und stehen dazu in Kontakt mit diesem Ansprechpartner.

Die Rolle der Fachkräfte für Arbeits- und Berufsförderung

Bei der Umsetzung von Domino spielen die Fachkräfte für Arbeits- und Berufsförderung eine wichtige Rolle. Ihre Aufgaben sind in einer Checkliste festgehalten. Fachkräfte werden zum Thema Domino speziell geschult. Ihre wichtigste Aufgabe liegt in der Einführungsphase von Domino. Die Fachkraft führt die behinderten Mitarbeiter an das Projekt heran, übt den Umgang mit der Tafel und den Formularen und stellt sicher, dass alle Mitglieder einbezogen sind. Fachkräfte begleiten und beobachten die Domino-Versammlung, unterstützen bei Bedarf den Bürgermeister bei der Vorbereitung und Nachbereitung der Versammlung. Sie geben auch Hilfestellung beim Schreiben des Protokolls und beim Umgang mit der Tafel, soweit dies erforderlich ist. In ihrer Beobachterfunktion achten sie auf die Einbeziehung aller Gruppenmitglieder, insbesondere derjenigen mit hohem Unterstützungsbedarf. Weitere Aufgaben: Sie unterstützen die Realisierung von Vorschlägen im notwendigen Rahmen, begleiten Wahlen und unterstützen beim Prozess der Selbstbewertung. Jedes Dorf legt für sich fest, welche der Selbstbewertungskriterien bei ihnen angewandt werden. Die Fachkraft achtet auf die regelmäßige Überprüfung und Überarbeitung.

Mitarbeiter des Monats und Dorf des Jahres

Im Laufe des Domino-Entwicklungsprozesses haben die Mitarbeiter weitere Elemente hinzugefügt. Die Dörfer wählen beispielsweise jeweils einen Mitarbeiter des Monats. Wer gewählt ist, trifft sich zum gemeinsamen Frühstück mit dem Produktionsleiter oder dem sozialen Dienst. Auch ein Dorf des Jahres wird ausgelobt. »Damit wollen wir, dass Domino lebendig bleibt, und wir wollen auch ein bisschen Wettbewerb anzetteln«, erläutert Geschäftsführer Marko Schirrmeister diese Praxis. Die Wahl zum Dorf des Jahres erfolgt durch ein Gremium aus Produktions- und Bereichsleitern, dem Teamleiter des Begleitenden Dienstes und dem Werkstattleiter. Entscheidungskriterien sind die Präsentationen der Dörfer, die Aktualität der Tafel, die Protokolle und die Sichtbarkeit der Ergebnisse und Erfolge des Dorfes in den zurückliegenden Monaten. Die Prämierung umfasst die feierliche Übergabe des Schildes *Dorf des Jahres*. Der Preis ist ein Tagesausflug und ein gemeinsames Mittagessen.

Auswirkungen von Domino

Domino hat die Lewitz-Werkstätten verändert. Werkstattmitarbeiter sind bereit, mehr Verantwortung für ihre Arbeit und für ihre Kollegen zu übernehmen. Durch die Möglichkeit, die eigenen Arbeitsplätze zu gestalten und arbeitsorganisatorische Abläufe zu beeinflussen, hat sich die Arbeitsmotivation spürbar erhöht. Die Arbeitsplätze wurden mit einheitlichen, einfachen und verständlichen Arbeits- und Bedienungsanleitungen für Werkzeuge und Maschinen ausgestattet. Die Lagerhaltung, die Ordnung am Arbeitsplatz, die Kennzeichnung und Beschilderung in Form von Fotos, Symbolen und Farben hat sich weiterentwickelt, und auch Menschen mit schweren Behinderungen sind in das überschaubare und verständliche System einbezogen. Damit wurde Domino in den Lewitz-Werkstätten zu einem wichtigen Instrument, um Selbstbestimmung zu ermöglichen, behinderte Menschen zu fördern und ihre Fähigkeiten und Möglichkeiten weiterzuentwickeln und eventuell die Voraussetzung zu schaffen, dem allgemeinen Arbeitsmarkt (wieder) zur Verfügung zu stehen und dorthin zu wechseln.

Resümee aus der Sicht der Beteiligten

Cindy Poenitzsch berichtete im Jahre 2009 der Reporterin von KLARER KURS, wie sie in ihre Aufgabe als Bürgermeisterin hineingewachsen ist:

»*Ich habe gelernt, bei Streit einzugreifen und zu sagen, jetzt ist Schluss. Ich achte darauf, dass unsere selbst gesteckten Ziele eingehalten werden, zum Beispiel dass niemand die Pausenzeiten überschreitet. Am Anfang war das Amt noch schwierig, weil alles neu war. Es hat einige Zeit gedauert, bis alle wussten, worum es geht.*

Mittlerweile habe ich aber Übung in der Versammlungsleitung und kenne mich auch mit den Tafeln aus.«

Bürgermeister ist ein Job mit Verantwortung, nicht alle trauen ihn sich zu. Manche Gewählte schaffen auch die zusätzliche Arbeit nicht und geben ihr Amt wieder ab. Gruppenleiterin Ute Zabel fasst aber ihre Beobachtung so zusammen:

»Eine Gruppe merkt genau, wer sich als Bürgermeister für sie eignet. Das ist ein Reifungsprozess, der in kleinen Schritten vorangeht.« Sie hat auch festgestellt, dass das Miteinander durch Domino gewachsen ist. *»Die Mitarbeiter sind mehr füreinander da und helfen sich gegenseitig.«*

Für die Fachkräfte ist Domino ebenfalls ein Lernprozess. Gruppenleiter Thomas Damaschke resümiert seine Erfahrungen so: *»Früher habe ich mich darum gekümmert, wenn ein Stuhl kaputt war. Jetzt sind die Mitarbeiter selbst verantwortlich. Da muss ich zurücktreten und das fällt mir nicht immer leicht. Aber die persönliche Entwicklung meiner Mitarbeiter überzeugt mich und ich finde es gut, dass Domino jetzt überall eingeführt ist.«*

Ausblick

Ein wichtiges Teilziel im Domino-Prozess ist erreicht: Seit Beginn des Jahres 2012 arbeiten alle Gruppen innerhalb der Werkstatt mit dem Instrument. Das nächste Ziel besteht darin, Domino auch in den Außenarbeitsgruppen auf dem ersten Arbeitsmarkt zu übernehmen und die Firmen dazu zu animieren, den Dörfern einen Platz für die Tafel und die notwendige Zeit für die Versammlungen einzuräumen. Die Lenkungsgruppe wird sich weiterhin mit allen Themen rund um Domino beschäftigen. Es bleibt ein ständiger Prozess der Weiterentwicklung und Veränderung.

Kurz gefasst

Projektname: *Lewitz-Werkstätten gemeinnützige GmbH*

Zielgruppe: *Menschen mit geistiger und psychischer Behinderung, die auch körperbehindert sein können*

Zahl der Beschäftigten: *530*

Kontaktperson: *Marko Schirrmeister*

Kontaktdaten: *Heide-Feld 09 | 19370 Parchim |*
Tel. 03871/6282-13 | Fax: 03871/6282-11 |
E-Mail: witt@lewitz-werkstaetten.de | www.lewitzwerkstaetten.de |

Autorinnen des Beitrags: *Anja Wegner, Doreen Günther*

Was müssen
Problemloser Ka...
— Neutral sein
— Fair sein
— Auf Regeln hinweisen
— Auf Einhaltung der Regeln
...sreden lassen

Streitschlichtung durch Menschen mit einer geistigen Behinderung

Monika Wagner, KMU Consulting

Mein Wissen als Mediatorin um Konfliktpotenziale generell und meine Kenntnisse hinsichtlich der Leitung einer Werkstatt für Menschen mit Behinderung (WfbM) führten mich dazu, Menschen mit einer geistigen Behinderung im Rahmen der Inklusion zu Streitschlichtern in Werkstätten auszubilden.

Mediation wird getragen von christlichem Gedankengut und ethischem Selbstverständnis. Die Streitschlichtung wiederum ist aus der Mediation abgeleitet.

Zentraler Gegenstand von Mediation sind soziale Konflikte zwischen zwei oder mehreren Personen und nicht etwa intrapsychische oder persönliche Konflikte. Sie dient in vereinfachter Form als Streitschlichtung und eigenverantwortliche Konfliktlösung – mit Hilfe eines oder zweier Streitschlichter/s.

In unserem Leben sind Konflikte allgegenwärtig. Sie entstehen aufgrund von unterschiedlichen Erlebensweisen, Behauptungen, Standpunkten, Auffassungen und Perspektiven und sind weder positiv noch negativ zu bewerten.

Konflikte gehören einfach zum Leben und sind für unsere Entwicklung, für die Entstehung von neuen Gedanken und außergewöhnlichen Ideen wichtig. Nicht die Tatsache, dass es Konflikte gibt, erfordert besondere Aufmerksamkeit, sondern die Art und Weise, wie wir mit Konflikten umgehen. Konflikte zwischen Menschen mit einer geistigen Behinderung unterscheiden sich nicht von Konflikten von Menschen ohne Behinderung. Sie werden allerdings oftmals emotionaler ausgetragen. Auch hier kommt es auf die Art und Weise an, wie mit Konflikten umgegangen wird.

Georg Theunissen beschreibt in seinem Buch »Pädagogik bei geistiger Behinderung und Verhaltensauffälligkeiten«, »dass eine häufige Austragungsform von Konflikten Gewalt ist, die psychisch, physisch, institutionell oder strukturell zutage treten kann«. Er beschreibt weiterhin, »dass allgemeine Erkenntnisse weithin bestätigen, dass sich Konflikte als Streit, Auseinandersetzung, Sachbeschädigung, Aggression, Kampf oder auch Rückzug oder Distanz repräsentieren können«.

Er empfiehlt, »dass die Chance genutzt werden sollte, die die Mediation (Streitschlichtung) zur Bearbeitung sozialer Konflikte in verschiedenen Kontexten bietet. Ein gegebenes System sollte eine der Mediation entsprechende Konfliktkultur mittragen, wenn eine gute Pädagogik fruchtbar werden soll«. Streitschlichtung wird mittlerweile an fast allen Schulen angeboten und hält nun auch Einzug in die Förderschulen. Auch in einigen Werkstätten für behinderte Menschen ist die Streitschlichtung erfolgreich eingeführt worden.

Im Rahmen des hier vorgestellten Projekts wurden in der Lebenshilfe Werkstatt Unterer Niederrhein GmbH in Wesel acht Menschen mit einer geistigen Behinderung zu Streitschlichtern ausgebildet und dabei von einer Mitarbeiterin des Sozialen Dienstes und zwei Gruppenleitern begleitet.

Die Streitschlichter

Nach ihrer Motivation gefragt, warum sie Streitschlichter werden wollen, gaben die Teilnehmer[1] an:

– Ich möchte Menschen helfen.
– Ich mag keine Streitereien. (2x)
– Menschen haben Vertrauen zu mir.
– Ich möchte selbst weniger streiten.
– Ich möchte mich für andere einsetzen.
– Das Betriebsklima soll besser werden.
– Streit ohne Gruppenleiter lösen.

---

1 Die Schreibweise steht für Teilnehmerinnen und Teilnehmer.

Unter uns sind viele einfühlsame, empathische Mitmenschen, die ein gutes Gespür dafür haben, dass andere Menschen Hilfe benötigen, damit es ihnen wieder besser geht, hierzu gehören auch Menschen mit einer geistigen Behinderung. Ebenso wissen sie, dass Streit, als vermeintliches Mittel der Konfliktlösung, auf alle Beteiligten, einschließlich der am Rande des Streites Stehenden, (ver)störend wirkt. Es stellt sich die Frage, wie so eine Auseinandersetzung zu bewältigen ist.

Die Streitschlichtung ist eine Vermittlung bei Konflikten in Form eines Gesprächs mit festgelegten Strukturen. Die streitenden Parteien werden durch die Streitschlichter angeleitet, selbstständig eine Lösung für ihren Konflikt zu finden, mit der alle Seiten zufrieden sein können. Diese Art der Gesprächsführung ist ein hervorragendes Instrument, das geistig behinderte Menschen selbst und eigenverantwortlich anwenden können, um Kollegen bei der Lösung ihres Konfliktes zu helfen und zwar dauerhaft und nicht nur für den Moment. Sie ist die Basis einer nachhaltigen Veränderung in den Arbeitsgruppen und der Einzelnen in ihrem Konfliktverhalten. Durch die kollegiale Ebene ist eine hohe Akzeptanz bei den Beteiligten gegeben. Streitschlichter lernen:

– in Teams zu arbeiten, da Streitschlichtungen immer durch zwei Personen durchgeführt werden sollten,
– das Gesagte zu reflektieren,
– die verschiedenen Seiten einer Nachricht wahrzunehmen,
– durch Wiederholungen das Gesagte zu verstehen,
– durch Nachfrage und Spiegeln sich bestätigen zu lassen, dass alles verstanden wurde,
– Gefühle zu erkennen,
– sich in einem Konflikt neutral zu verhalten
– Regeln anzuwenden und auf ihre Einhaltung zu achten,
– höflich zu kommunizieren,
– Vertraulichkeit zu wahren,
– bei der Lösungsfindung zu unterstützen.

Insgesamt erhalten die Menschen mit einer geistigen Behinderung die Möglichkeit zur Mitgestaltung einer effektiven Kommunikation untereinander. Die Streitschlichter ermöglichen es, eine positive Kommunikation zwischen den streitenden Parteien herzustellen, so dass sie wieder miteinander reden und arbeiten können.

Die Werkstatt

Die Werkstatt hat unter anderem die Aufgabe, die Beschäftigten auf ein Berufsleben auf dem ersten Arbeitsmarkt vorzubereiten. Hierzu gehört nicht nur die Wissensvermittlung in den fachlichen bzw. beruflichen Kompetenzen, sondern auch die Stärkung der sozialen Kompetenzen. In der Streitschlichtung können Schlüsselqualifikationen erworben werden, die im Alltag und im Berufsleben sinnvoll genutzt werden können.

Die Ausbildung von Beschäftigten zu Streitschlichtern erfordert Akzeptanz durch das Personal der Werkstatt, den Willen, hierfür Zeit, Arbeit und Geld zu investieren, und nicht zuletzt ein großes Vertrauen in die Menschen mit einer geistigen Behinderung, dass diese in der Lage sind, ihre Konflikte selbst lösen zu können. Die größte Aufgabe liegt dann in der tatsächlichen Durchführung von Streitschlichtungen und dem regelmäßigen Erfahrungsaustausch unter den Beteiligten. Durch frühzeitige Einbindung und umfassende Information des Werkstattrats kann dieser erheblich zur Akzeptanz der Streitschlichter beitragen.

Der Start solch einer Maßnahme gelingt meist gut, weil die Streitschlichtung relativ einfach einzuführen ist. Die wirkliche Herausforderung liegt in der Aufrechterhaltung der Motivation der Beteiligten, bis zu dem Zeitpunkt, an dem die Erfolge sichtbar werden. Eine halbherzige Einführung von Streitschlichtungen kostet unnütz Zeit und Geld und führt zu Frustration. Streitschlichtung wird sich nur etablieren, wenn konsequent alle Maßnahmen eingehalten bzw. durchgeführt werden. Die Streitschlichter und Coaches brauchen darum Rückenstärkung »von oben«, das heißt von Geschäftsführung und Werkstattleitung.

Mitarbeiter des Sozialen Dienstes und Gruppenleiter spielen bei den Inklusionsprozessen eine wichtige Rolle. Sie sollten als Coach oder Assistenten für die Streitschlichter zur Verfügung stehen, das heißt konkret bei der Vorbereitung, Durchführung und Nachbereitung der Streitschlichtung. Sie sollten die organisatorischen Rahmenbedingungen sicherstellen und für die Bekanntmachung der Streitschlichtung in der WfbM sorgen. Die Unterstützung bei der Vernetzung der Streitschlichter untereinander gehört ebenfalls dazu. Eine veränderte Kommunikations- und Problemlösungskultur kommt als präventive Maßnahme der gesamten Werkstatt zugute. Gruppenleiter werden entlastet, da sie sich nicht mehr um jede Auseinandersetzung kümmern müssen, sondern dies den Betroffenen selbst überlassen können. Der Arbeitstag verläuft ruhiger und unproblematischer, da die arbeitenden Menschen weniger an Konflikten beteiligt sind bzw. wissen, dass Streitschlichter da sind, um bei der Konfliktlösung zu unterstützen.

Das Projekt

Nach der Entscheidung, Streitschlichter in der Werkstatt einzusetzen, wurden freiwillige Mitarbeiter/Beschäftigte[2] für diese Aufgabe gesucht. Hierbei war zu berücksichtigen, dass die Probanden lesen und schreiben können, über ein gewisses Maß an sprachlichen Mitteln verfügen und dass, mit einer gezielten Unterstützung, die Fähigkeit besteht, Gesprächsregeln zu erlernen und erfolgreich zu verhandeln.

Wichtig war auch, dass Gruppenleiter und der Soziale

---

2 Mitarbeiter / Beschäftigte = in den Werkstätten werden für die Menschen mit einer geistigen Behinderung keine einheitlichen Begriffe gewählt.

Dienst einbezogen waren und an der Ausbildung teilnahmen. Sie unterstützen die Streitschlichter als Coaches, um den Menschen mit einer geistigen Behinderung in der Anwendung der Streitschlichtung, zumindest am Anfang, mehr Sicherheit bei ihrer neuen Aufgabe zu geben.

Es wurden also elf Personen geschult. Die Schulung fand an drei Vormittagen statt in jeweils drei bis vier Stunden. Zusätzlich wurde eine Nachschulung und Qualitätskontrolle angeboten, die an zwei Vormittagen stattfinden sollte.

Die Kosten sind übersichtlich, wenn man die Schulung mit mehreren Teilnehmern, im eigenen Haus, durch einen externen Mediator vornimmt. Sie setzen sich zusammen aus
– dem Honorar für die Ausbilder/in
– dem Einsatz des Personals
– der Einrichtung/Vorbereitung des Streitschlichterraums.

Die Schulungsinhalte:
Einführung in die Mediation
– Worüber, wo und wie streiten wir uns?
– Wie läuft ein Konflikt ab?
– Was sind Konfliktparteien?
– Was soll die Streitschlichtung erreichen?

Konfliktlösungen
– Lösungswege für häufig auftretende Streitsituationen
– Eigene Konflikte vermeiden oder schnell lösen
– Beispiele von Konflikten anhand eines Rollenspieles
– Beobachtungsergebnisse beschreiben

Fähigkeiten des Streitschlichters
– Was sollen Regeln bei der Mediation erreichen?
– Was sagt der Streitschlichter bei Regelverstößen?

- Zuhören ist schwer, aber man kann es üben
- Gutes Zuhören kann man auch sehen

Gefühle erkennen, benennen und vergleichen
- Gefühle kann man fast immer vom Gesicht ablesen
- Gefühle kann man dem, was gesagt wird und wie es gesagt wird, entnehmen
- In gleichen Situationen sehen und empfinden Menschen oft verschieden

Ablauf der Streitschlichtung
- Konfliktschilderung
- Konflikt verstehen
- Eine Friedensbrücke bauen
- Nach Lösungen suchen lassen
- Die Lösungen prüfen
- Vereinbarung schreiben und unterschreiben lassen
- Nachgespräch

Organisatorisches
- Wann und wo kann eine Streitschlichtung in unserer Werkstatt stattfinden?
- Wie verteilen wir den Streitschlichterdienst?
- Wie bieten wir unseren Dienst den anderen Mitarbeitern / Beschäftigten an?
- Wie sollen uns die Assistenten bei der Streitschlichtung begleiten?

Inhalte der Qualitätskontrolle / Nachschulung
- Wie viele Streitschlichtungen haben wir durchgeführt?
- Was ist vergessen worden?
- Wie können wir unsere Streitschlichtungen noch weiter verbessern?
- Was müssen wir besser organisieren?
- Wie helfen uns die Assistenten?

Die vorbereiteten Schulungsmaterialen wurden nach und nach durch die Teilnehmer in der zur Verfügung gestellten Mappe abgeheftet, so dass während der Ausbildung jeder seine Arbeitsmappe selbst anlegen und weiterführen konnte. Diese Arbeitsmappe soll nun die Streitschlichter bei ihrer neuen Tätigkeit begleiten, als Nachschlagewerk dienen und ihnen Sicherheit geben.

Während der Schulung kamen verschiedene Hilfsmittel zum Einsatz, die den Teilnehmern einen strukturellen Ablauf der Streitschlichtung erleichtern. Es wurde mit vorbereiteten Arbeitsblättern, Flipcharts, Gefühlekarten und Rollenspielen gearbeitet, also Mittel, die in der Erwachsenenbildung eingesetzt werden.

Die Teilnehmer wurden von Anfang an aktiv in den Unterricht eingebunden, so dass eine hohe Aufmerksamkeit erreicht wurde.

Alle erarbeiteten Materialien wurden abfotografiert und den Teilnehmern als Fotoprotokoll zur Verfügung gestellt. Es ist im Nachhinein hilfreich, sich die Dokumente noch einmal so anzusehen, wie sie in der Schulung erarbeitet wurden. Das weckt die Erinnerung an Erlerntes.

Ein wichtiges Element der Schulung waren die Rollenspiele. Diese sind in der Ausbildung zum Streitschlichter unabdingbar. Es fiel den Teilnehmern nicht immer leicht, diese bis zum Ende durchzuspielen. Doch haben alle den Erfolg dieser Übung durch vermehrte Sicherheit in den Gesprächen zu spüren bekommen. Zwischendurch gab es Wieder-

Regeln für streitende Parteien

- Jeder darf ausreden, nicht unterbrechen
- Niemand wird beleidigt
- Höflich miteinander sprechen
- Die streitenden Parteien müssen mithelfen eine Lösung zu finden

holungen, um das zuvor Erlernte zu festigen. Hier waren alle sehr konzentriert. Um die Konzentration zu fördern, gab es häufig kurze Pausen mit Getränken und Keksen. Auch körperliche Bewegung war ein wichtiger Teil bei der Ausbildung.

Die Teilnehmer waren alle hoch motiviert und begeistert bei der Sache und gaben am Ende der Ausbildung die Rückmeldung, es habe sehr viel Spaß gemacht. Sie haben in diesem Trainingsprogramm viel über Selbstverantwortung, Eigenständigkeit und Konfliktlösekompetenz gelernt.

Nach Abschluss der Ausbildung erhielten alle Teilnehmer ein Zertifikat durch die KMU Consulting, das ihnen bestätigte, dass sie an einer qualifizierten Streitschlichterausbildung im Rahmen der Inklusion und nach den Richtlinien des Bundesverbandes Mediation e. V. teilgenommen haben.

Die Streitschlichtung im Einsatz

Die Streitschlichtung ist an keinen speziellen Ort gebunden. Sie sollte aber möglichst an einem neutralen Ort stattfinden. Es sollte ein Raum sein, der für keine anderen oder nur für angenehme Zwecke genutzt wird. Der Raum sollte eine spezielle Bezeichnung haben, wie »Friedensecke«, »Raum des Friedens« oder so ähnlich.

Als Hilfsmittel können vorbereitete Flipcharts, Moderationstafeln, Whiteboards, Karten, Stifte, Papier zum Malen, Bilder, Gefühlekarten, usw. genutzt werden. Wichtig sind auch vorbereitete Formulare für die am Ende der Streitschlichtung schriftlich zu formulierende Vereinbarung.

Die Streitschlichtung findet in Form von Gesprächen mit den Konfliktparteien statt. Es können auch Einzelgespräche geführt werden oder Gruppengespräche, wenn mehrere Personen am Konflikt beteiligt sind.

Es muss festgestellt werden, ob es sich tatsächlich um einen Konflikt handelt, der durch eine Streitschlichtung gelöst werden soll, oder ob es kleine Streitereien des täglichen Lebens sind, die in der nächsten Pause schon wieder vergessen sind.

Wichtig ist auch festzustellen, welche Personen am Konflikt beteiligt sind. Es ist zu prüfen, ob es sogenannte »Profiteure« gibt, die den Konflikt im eigenen Interesse schüren.

Da dies nicht ganz einfach ist und möglicherweise auch während der Streitschlichtung Unterstützung geleistet werden muss, ist es ratsam, eine Fachkraft aus dem Sozialen Dienst oder der Gruppenleitung zur Assistenz bzw. als Coach dazuzunehmen. Diese Assistenzkraft sollte aber nur Unterstützung leisten, wenn dies wirklich erforderlich ist. Es ist wichtig, den Streitschlichtern die Vermittleraufgabe auch zuzutrauen und somit ihr Selbstbewusstsein zu stärken.

Sollte der Streitschlichter nicht lesen oder schreiben können oder darin unsicher sein, sollte hier ebenfalls die Assistenzkraft unterstützen.

Der Streitschlichter sollte seine Arbeitsmappe dabei haben, damit er bei Unsicherheit nachschlagen und sich die wichtigen Schritte vergegenwärtigen kann.

Hilfreich sind Stimmungskarten zum Einsatz während der Streitschlichtung, um den Gefühlen besser Ausdruck verleihen zu können.

Gute Unterstützung leistet der Einsatz des Erzählballs, den der Streitschlichter einsetzt. Nur wer den Erzählball bekommen hat, darf reden. Der Erzählball muss immer an den Streitschlichter zurückgegeben werden. Dieser gibt ihn dann an einen der Konfliktpartner weiter.

Fazit

In der Werkstatt der Lebenshilfe werden die Streitschlichtung und die Streitschlichter gefördert und unterstützt. Dort sind die Beteiligten von diesem Konzept überzeugt. Die Streitschlichter sind stolz, so aktiv eingebunden zu sein.

Streitschlichtung impliziert eine mediative Haltung und somit gewaltloses Handeln. Konflikte werden nicht passiv hingenommen, sondern aktiv angegangen.

Ein weiterer positiver Nebeneffekt ist, dass niemand von der Streitschlichtung unberührt bleibt. Sie wird auf Dauer die Streitkultur in der Werkstatt verändern, die mediative Haltung bei Konflikten wird um sich greifen. Sie dient der Persönlichkeitsentwicklung und stärkt das Selbstbewusstsein der beteiligten Menschen.

Streitschlichtung sensibilisiert alle für das Thema Konflikte und Möglichkeiten der Konfliktlösung. Sie trägt dazu bei, dass alle konstruktiv und selbstverantwortlich mit Konflikten umgehen. Es entsteht eine positive Streitkultur und eine Konfliktprävention.

»Die Menschen mit geistiger Behinderung erleben sich nicht mehr nur als Problemverursacher, sondern als Teil der Lösung von Problemen.«

Kurz gefasst

Einrichtung: *Lebenshilfe, Werkstätten Unterer Niederrhein GmbH, Am Schornacker 11, 46485 Wesel*

Zielgruppe: *Menschen mit geistiger Behinderung*

Zahl der Beschäftigten: *300*

Kontaktdaten: *KMU Consulting | Eilpeweg 25a | 45277 Essen | Tel. 0201/84 72 156 | Fax: 0201/84 72 157 | www.kmu-consulting.de |*

Kontaktperson und Autorin des Beitrags: *Monika Wagner, KMU Consulting*

Informationen für alle zugänglich machen

CABito – Ein Projekt der Ulrichswerkstätten Schwabmünchen

Alltagsinformationen, die sich üblicherweise auf dem Schwarzen Brett befinden, so zu gestalten, dass Menschen mit geistiger Behinderung oder allgemeiner: Menschen mit Einschränkungen im Sprach- und Textverständnis, selbstständig und selbstbestimmt an diese Informationen gelangen, war die Ausgangsmotivation zur Entwicklung eines modernen, inklusiven Informationssystems in unseren Werkstätten.

Zunächst nur für den Hausgebrauch gedacht, hat sich aus dem InfoPoint (damaliger Arbeitstitel) ein marktfähiges Informationsportal entwickelt, das ganz wesentlich zur Inklusion behinderter Menschen beitragen kann. Aus InfoPoint wurde CABito (Wortspiel mit dem Firmennamen CAB), der mittlerweile in vielen Einrichtungen der Behindertenhilfe und Altenhilfe selbstbestimmte Information für alle möglich macht.

Die Ausgangssituation

Der Anstoß für die Entwicklung eines neuen Informationssystems, das die Ebene von einlaminierten Piktogrammkarten verlässt, kam ganz selbstbewusst von den Vorsitzenden des Werkstattrates in Schwabmünchen (Einrichtung für ca. 200 Mitarbeiter mit geistiger Behinderung). Unmittelbar nach einer Sitzung wandten sie sich an den Werkstattleiter mit der Aufforderung: »Wenn wir jetzt das Protokoll unserer Werkstattratssitzung an das Schwarze Brett hängen, können das doch die meisten unserer Kolleginnen und Kollegen gar nicht lesen. – Machen Sie da mal was!«

Schnell wurde klar, dass dieses Interesse berechtigt ist, der Bedarf also real. Und ebenso schnell wurde klar: eine passende, fertige Lösung gibt es nicht. Alle gängigen Hilfsmittel (Piktogramme, Tonbandaufnahmen, Protokolle in Leichter Sprache etc.) scheiterten nach kurzen Erprobungsphasen regelmäßig daran, dass zum einen die Mitarbeiter, die diesen Transfer leisten mussten, die zeitlichen Ressourcen nicht zur Verfügung hatten, und zum anderen daran, dass für die meisten Formen der Informationsvermittlung dennoch die Unterstützung Dritter nötig blieb.

Damit war eine zweite Voraussetzung für ein neues Info-System klar: Es muss so gestaltet sein, dass es auch von denjenigen, die die Informationen liefern, als Erleichterung empfunden wird.

Anforderungen an das System

In diesem Stadium des Projekts wurde ein Beirat gegründet, der aus allen künftigen Nutzergruppen zusammengesetzt war, alle Entwicklungsschritte kritisch reflektierte und diese auch beeinflussen konnte. Diese konsequente Einbindung geistig behinderter Menschen in alle Entscheidungsprozesse und aktuell in alle Produktionsprozesse wurde immer beibehalten und hat bis heute einen wesentlichen Anteil am Erfolg und an der Akzeptanz des Systems.

Zielsetzungen:

Für die Entwicklung (zu diesem Zeitpunkt war noch nicht an eine Vermarktung gedacht) wurden folgende Ziele formuliert.

Benötigt wird ein (elektronisches Anzeige-)Portal,

– das barrierefrei zugänglich ist
– das Informationen so redundant und multimodal (über mehrere Kanäle gleichzeitig, also Sprache, Bild, Text) anbietet, dass alle Mitarbeiter/innen im Haus ohne Hilfe Dritter an die gewünschte Information gelangen
– das ähnlich dem Schwarzen Brett ganztägig für alle zugänglich ist
– das Interaktion erlaubt
– das in das hauseigene Netzwerk eingebunden und damit von allen PC-Arbeitsplätzen aus befüllt werden kann
– das eine eigene Zeitsteuerung besitzt, sodass kein täglicher Pflegebedarf entsteht.

Die Umsetzung

Schrittweise und immer in Rückkopplung mit dem Entwicklungsbeirat wurde das System verbessert und an die Bedürfnisse angepasst. Ein großer Vorteil war sicher die unmittelbare Erprobungsumgebung. Jede Neuerung konnte sofort im Alltag getestet werden. Im späteren Stadium, als das System bereits im Verkauf war, waren es Kundenrückmeldungen, die auf diese Weise zeitnah getestet und in das System integriert werden konnten. Aber auch der umgekehrte Fall trat häufig auf. Ideen, die den Entwicklern als besonders sinnvoll erschienen, wurden in der Praxisanwendung ignoriert oder als ungeeignet zurückgewiesen.

Barrierefreiheit

Die Frage der Barrierefreiheit wurde aus drei Perspektiven beleuchtet:

1. Barrierefrei im Sinne der körperlichen Zugänglichkeit und Bedienbarkeit
Hierfür wurden alle Systeme konsequent höhenverstellbar gestaltet und bei der Anordnung der Bedienelemente auf möglichst kurze Reichweiten und geringen Kraftaufwand geachtet. Zudem erlaubt der Aufbau der Oberfläche eine Anpassung an den Nutzerbedarf. Durch die Anschlussmöglichkeit von handelsüblichen Eingabegeräten (Intellikey, Einhandtaster, Großtasten etc.) kann ein Großteil der körperlichen Zugangshürden überwunden werden.

2. Barrierefrei im Sinne sensorischer, haptischer Zugänglichkeit
Durch die weitgehend frei gestaltbare Benutzeroberfläche des Touchscreens ist eine Anpassung an die Möglichkeiten der Nutzergruppe realisierbar. Die

Fläche einer Taste zur Informationsauswahl kann bis zur gesamten Größe des Bildschirms ausgedehnt werden. Zusätzlich können Hilfsmittel wie ein Zeigestab oder Ähnliches zur Aktivierung der Tasten genutzt werden. Weiter wurde für Menschen mit starken körperlichen Einschränkungen ein Scanningverfahren entwickelt, das die Bedienung aller Steuerfunktionen mit einer einzigen Taste (Kopftaster, Fingertaster, Brailletastatur etc.) erlaubt. Die Geschwindigkeit von Bilderpräsentationen und die Lautstärke kann vom Benutzer gesteuert werden.

3. Barrierefrei im Sinne der kognitiven Zugänglichkeit

Hier hat sich die konsequent redundante Darstellungsform aller Informationen als beste Lösung erwiesen. So werden alle Informationen nach Möglichkeit gleichzeitig in Bildform (Fotografie und/oder Piktogramm), als lesbarer Text und in Lautsprache angeboten. Je nach Art der kognitiven Einschränkung kann sich jeder Nutzer den Kanal zur Informationsvermittlung aussuchen, zu dem er/sie Zugang hat. An dieser Stelle ist die Konzeption von CABito ein Muster für Inklusionsbemühungen. Nicht erst dann, wenn der Informationskonsument an der gängigen Form der Informationsvermittlung scheitert und um Hilfe bitten muss, wird eine Individuallösung gesucht, sondern prophylaktisch werden Informationen redundant über mehrere Zugangswege angeboten, um alle Nutzerkreise gleichberechtigt zu bedienen.

Lautsprachliche Wiedergaben können über Audioaufnahmen oder über ein Text to Speech (TtS) Modul[1] erzeugt werden. Alle gängigen Formate an

Darstellungsprogrammen (Audio, Video, Powerpointpräsentationen etc.) sind implementierbar.

Die Gestaltungsspielräume für die Belegung des Systems mit neuen Informationen wurden so offen wie möglich gestaltet und es liegt in der Hand des Anwenders, die Oberflächengestaltung und die Komplexität der verschachtelten Ebenen an das Nutzerklientel anzupassen.

Selbstbestimmung

Diese liegt neben der technischen Ausgestaltung des Systems zur selbstbestimmten Nutzung vor allem im redaktionellen Konzept, das der Informationsauswahl zugrunde liegt.

Ähnlich wie bei einer Tageszeitung oder den Radio- und Fernsehnachrichten sollte ein Querschnitt der Themen angeboten werden, die die Endnutzer fordern. Bei den CABitos in der Werkstatt Schwabmünchen werden die redaktionellen Aufgaben auf mehrere Fachbereiche des Hauses verteilt. Dazu gibt die Tabelle auf Seite 124 einen Überblick.

Der Zugang ist für alle Nutzer zu allen Themenbereichen und zu allen Tasten uneingeschränkt möglich.

---

1 Ein geschriebener Text (Word, Texteditor etc.) wird über diese Softwarekomponente automatisiert gelesen. Sprachgeschwindigkeit und das Geschlecht des digitalen Sprechers können frei gewählt werden.

Themenbereich	verantwortlich
Speiseplan	Redaktionsgruppe Speiseplan: Gruppe von fünf Beschäftigten (d.h. Mitarbeiter mit Behinderung), die selbstorganisiert das Befüllen verantwortet.
Geburtstagstaste	Beschäftigte aus dem Verwaltungsbereich/Pforte
Seelsorgeangebote	Zentral für mehrere Einrichtungen belegte Taste. Belegung erfolgt durch den Betriebsseelsorger.
Gästebegrüßung	Taste kann von jedem Büroarbeitsplatz aus belegt werden.
Nachrichten	Die Redaktionsgruppe wählt täglich Meldungen aus der Tageszeitung aus.

Ein wünschenswertes Ziel wäre, dass auch die Auswahl der Informationen und Themenkreise, die über das System verbreitet werden, über eine Redaktionsgruppe, die aus Mitgliedern der späteren Nutzer besteht, festgelegt wird. Um dieses Ziel zu erreichen, bedarf es im Vorfeld sicher einer Form von Schulung oder pädagogischer Begleitung der Anwender, um den technischen Umgang mit dem System und den selbstbestimmten Umgang mit Information zu erlernen.

Zugänglichkeit

Hier ist die zeitliche Zugänglichkeit gemeint. Durch die Netzwerktauglichkeit des Geräts ist der Standort grundsätzlich frei und unabhängig vom Personenkreis derer, die die Inhalte einpflegen, wählbar. Die in der Software integrierte Zeitsteuerung vieler Funktionen, wie Ein- und Ausschalten oder die Datenbankaktualisierung, erfordert ebenfalls keine tägliche Präsenz autorisierter Personen. Das Gerät und somit der Zugang zum Informationsangebot ist damit zu allen gewünschten Zeiten realisierbar.

Ressourcen

Gegenüber herkömmlichen Formen zur Informationsverbreitung über Schwarze Bretter, Aushänge, auf Band gesprochene Texte, Symboltafeln etc. bietet ein softwaregestütztes System vor allem bei standardisierbaren Vorgängen große Einsparungspotenziale bei den zeitlichen Ressourcen von Mitarbeitern. An drei Themenbereichen sei dies exemplarisch verdeutlicht.

Speiseplan

Um einen täglich wechselnden Speiseplan über Schwarze Bretter zu verbreiten, werden sowohl bei der Erstellung als auch bei der Verteilung der Aushänge Personalressourcen benötigt, ganz zu schweigen von Papier- und Druckkosten. Soll zusätzlich noch eine Sprachausgabe erzeugt werden, steigt der Aufwand noch einmal. Im Fall des CABito können Speiseplandaten, also digitale Fotografien und eine Beschreibung der Speisen in einem Arbeitsgang und für einen beliebig langen Zeitraum im Voraus eingepflegt werden. In Schwabmünchen ist diese Tätigkeit, am Computer die Speisepläne für CABito einzufügen, ein begehrter und moderner Arbeitsplatz für Beschäftigte geworden. Die Sprachausgabe kann sowohl über eine reale Aufnahme als auch über ein TtS-Modul erzeugt werden. Die integrierte Zeitsteuerung aktiviert dann zum jeweiligen Tag den entsprechenden Speiseplan automatisch. D.h. über einen Zeitraum von mehreren Wochen werden keine Ressourcen für die Informationsverbreitung des Speiseplans benötigt.

Geburtstagstaste

Mit einmaligem Befüllaufwand (digitales Foto, Name und Geburtsdaten der Person und Einwilligung zur Veröffentlichung der Daten) kann eine Informationstaste erzeugt werden, die über viele Jahre ohne weiteren Pflegeaufwand am betreffenden Tag die »Geburtstagskinder des Hauses« zum Beispiel mit einem Lied begrüßt.

Nachrichten oder allgemeine Informationen

Durch eine Netzeinbindung des Systems kann erreicht werden, dass von jedem beliebigen PC-Arbeitsplatz aus Informationen an das Anzeigesystem geleitet und dort unmittelbar dargestellt werden. Im einfachsten Fall reicht ein geschriebener Text, der dann als Text- und Sprachausgabe wiedergegeben wird. Vergleicht man diesen Aufwand mit der Verteilung einer Meldung über Papieraushänge, wird das Einsparungspotenzial deutlich. Denkbar wäre auch, auf diesem Weg täglich eine bestimmte Zahl an Beiträgen der örtlichen Tageszeitung zu verbreiten – ein wichtiger Beitrag zur Inklusion durch Unterstützte Information.

Die in CABito enthaltene Funktion des gesteuerten Internetzugangs bietet zudem die Möglichkeit, ein Internetcafé für Menschen mit geistiger Behinderung zu realisieren, bei dem die Komplexität des freien Surfens im Internet so weit reduziert werden kann, dass ein zwar eingeschränktes, aber dafür freies Informationsbeschaffen auch für diesen Personenkreis möglich wird. Die Alternative, Menschen mit geistiger Behinderung das Surfen in einem ungesteuerten System zu ermöglichen, könnte nur durch eine Eins-zu-eins-Assistenz, also mit sehr hohem Personaleinsatz, realisiert werden.

Investitionen

(hier die Investitionen zur Anschaffung und zum Betrieb eines Systems, nicht die Entwicklungskosten)

Um eine Werkstatt mit 50 bis 150 Beschäftigten über ein CABito System mit Unterstützter Information zu versorgen, benötigt man – abhängig von der Infrastruktur der Einrichtung – einen Terminal und die dazugehörige Software. Gibt es einen zentralen Versammlungsplatz (Speisesaal etc.), reicht ein Gerät, sind die Gebäude weiträumig verteilt, werden mehr Geräte benötigt. Pro System inkl. einer Grundschulung muss mit einer Investition von ca. 3500 Euro gerechnet werden. Nachfolgekosten entstehen nicht. Allerdings sollten Zeitressourcen von ca. 15 Minuten/Tag zur Eingabe tagesaktueller Informationen vorgesehen werden.

Alternativ kann nur die Software erworben und die Anzeigesysteme aus handelsüblichen Hardwarekomponenten zusammengestellt werden. Auch bei dieser Lösung ist die Investition ähnlich hoch anzusetzen.

Begleitaufwand

Im Idealfall sollte, zumindest beim Akt des Konsumierens der Information, keinerlei laufende Begleitung nötig sein. Alle beschriebenen Hürden sollten beseitigt und der Zugang ohne Hilfe Dritter möglich sein.

Mittelbar ist eine Begleitung in der Auswahl der Themen und der Aufbereitung der Daten zu sehen. Ein weiterer Begleitungsaufwand könnte eine technische Einweisung in die Handhabung der Technik sein. Die Erfahrungen in Schwabmünchen haben allerdings gezeigt, dass dies in den wenigsten Fällen nötig ist. Die Bedienung eines Computers und die Handhabung eines Touchscreens ist nicht nur bei den jungen Werkstattbeschäftigten eine Selbstverständlichkeit, sondern quer durch alle Altersgruppen besteht großes Interesse und die Lust, neue Medien auszuprobieren.

Erfahrungen

Nach einer fast dreijährigen Nutzung des Systems in Schwabmünchen können wir Folgendes feststellen.

Unterstützte Information schenkt Themen für Kommunikation

Der verhinderte oder erschwerte Zugang zu Informationen kann schnell dazu führen, dass sich die Themen – oft der Einstieg zu einem ersten sozialen Kontakt – auf wenige beschränken. Wir kennen sie alle: Was gibt's zu essen? Wie ist das Wetter? Welche Arbeit macht ihr gerade in der Gruppe? Diejenigen, die die Gelegenheit hatten, morgens schon die ersten Nachrichten mitzubekommen, unterhalten sich über das Erdbeben in Italien, die Frisur von Frau Merkel und die Mannschaftsaufstellung von Herrn Löw. Am nächsten Tag sind es bereits wieder neue Themen durch neue Nachrichten.

Genau dieser Effekt stellt sich ein. Der Zugang zu Informationen schenkt im übertragenen Sinne Anknüpfungspunkte für soziale Kontakte. Der Austausch über ein »Hast du schon gehört …?« bis hin zu sachbezogenen Diskussionen und einer damit verbundenen Meinungsbildung ist in der Einrichtung vermehrt beobachtbar.

Die Kritik, dass die wenige Kommunikation, die mit beeinträchtigten Personen stattfindet kann, durch ein elektronisches Hilfsmittel noch mehr abnimmt, kann hier nicht bestätigt werden. Im Gegenteil, die Kommunikation wird belebt.

Unterstützte Information macht selbstbewusst und ermöglicht Mitgestaltung

Wie fühlt es sich an, »unwissend« zu sein? Wie wirkt es auf einen Menschen, immer wieder die »Wissenden« um Information bitten zu müssen? Und das auch als Erwachsener ...

Viele der betreuten Menschen erleben sich in einer dauerhaft abhängigen Situation vom Betreuer und richten ihr Verhalten, ihre Meinungen und ihr Wissen an dem des Betreuers aus.

Durch Unterstützte Information wird dieses Abhängigkeitsverhältnis punktuell spürbar abgebaut. Sich täglich wiederholende Fragen – wie etwa, was es zu essen gibt, wann die Gäste kommen und andere Themen – können nun selbstständig eingeholt werden. Das führt zur Steigerung des Selbstbewusstseins als informierte und wissende Person, die bei den Einrichtungsthemen mitreden kann und »Bescheid weiß«. Ein Gewinn – auch für das Verhältnis zum Betreuer: Der betreute Mensch wird als interessanter Gesprächspartner wahrgenommen und die Auseinandersetzung mit ihm ist weniger Pflicht als Vergnügen.

Zur Verdeutlichung seien hier die Auswirkungen einer internen Stellenausschreibung für Beschäftigte, mit und ohne Unterstützte Information, beschrieben.

Werden die Stellen am Schwarzen Brett angeboten, erfordert die Schriftform eine hohe Transferleistung, um zu verstehen, ob diese Stelle für mich interessant ist oder welche Anforderungen dort konkret entstehen. In aller Regel wird ein Dritter hinzugezogen, der die Stelle aus seiner Perspektive beschreibt und oft schon die Bewertung (»Das eignet sich nicht für dich …«) mit in die Erklärung einfließen lässt.

Unterstützte Information kündigt die Stelle in CABito an und zeigt einen Film über die geforderten Tätigkeiten und Anforderungen oder lässt Beschäftigte zu Wort kommen, die diese Tätigkeit bereits ausführen. Dieser Impuls führt häufig dazu, dass Beschäftigte den zuständigen Fachdienst oder den Gruppenleiter mit an den CABito nehmen mit der Forderung: »Das will ich machen«. Für die Werkstatt entsteht daraus ein viel höherer Handlungsdruck und Erklärungsbedarf. Und das im positivsten Sinne.

Ausblick

Information ist Voraussetzung für Inklusion, auch in Einrichtungen der Behindertenhilfe. Wer nicht oder nur schwer an Informationen des Alltags gelangt, wir an den Rand gedrängt. Die technischen Voraussetzungen, Informationen aufzubereiten, über Netzwerke zugänglich zu machen und redundant darzustellen, waren noch nie so gut und günstig wie heute. Die Entwicklungen rund um Smartphones, Tablet-PCs und Cloud Computing könnten alle genutzt werden, um Unterstützte Information technisch möglich zu machen. Wir müssen es nur tun.

Auch im Bereich der Informationsaufbereitung stehen wir erst am Anfang. Hier wäre es wünschenswert, wenn Standards gefunden würden, nach denen Nachrichtenagenturen oder die Redaktionen der örtlichen Zeitung Informationen (Nachrichten, Wetter, Veranstaltungshinweise etc.) für Unterstützte Informations-Systeme online zur Verfügung stellten, die dann ohne weitere Bearbeitung eingespielt werden könnten. Dann erst wäre eine gleichberechtigte Nachrichten- und Informationsversorgung im inklusiven Sinne erreicht.

Kurz gefasst

Einrichtung: *CAB Caritas Augsburg Betriebsträger gGmbH, Ulrichswerkstätten Schwabmünchen*

Zielgruppe: *Menschen mit geistiger Behinderung*

Zahl der Beschäftigten: *190*

Kontaktperson: *Alfons Regler*

Kontaktdaten:
CAB Caritas Augsburg Betriebsträger gGmbH | Ulrichswerkstätten Schwabmünchen | Töpferstr. 11 | 86830 Schwabmünchen | Tel. 08232/963114 | E-Mail: a.regler@cab-b.de | www.cab-b.de, www.cabito.net |

Autor und Autorin des Beitrags: *Alfons Regler und Christine Borucker, Büro für Unterstützte Kommunikation der CAB Caritas Augsburg Betriebsträger gGmbH Fotos: Ulrich Schmerold, CAB Caritas Augsburg Betriebsträger gGmbH*

Barrierefreies Dokumenten-Management-System

Ein preisgekröntes Projekt der Main IT GmbH & Co. KG, der Skanilo GmbH und der Fachhochschule Frankfurt

Das papierlose Büro – im digitalen Zeitalter streben Unternehmen, Behörden, Institutionen und öffentliche Verwaltungen dieses Ziel an. Dokumentenverwaltung per Mausklick, das ist längst möglich. Allerdings fehlt es in beträchtlichem Umfang an Fachkräften, die auf dem Gebiet des digitalen Dokumenten-Managements einsetzbar sind. Häufiges Problem: Die technischen Lösungen sind nicht barrierefrei.

Dabei böte beispielsweise die Gruppe der blinden und sehbehinderten Menschen in Deutschland erhebliches Potenzial: Von etwa 1,2 Millionen Betroffenen befinden sich nur rund 28 % der Erwerbsfähigen in einem Arbeitsverhältnis. Auch Menschen mit psychischen, motorischen oder geistigen Beeinträchtigungen, die in der digitalen Dokumentenverwaltung tätig sein könnten, werden mangels barrierefreier Systeme vielfach aus diesem Bereich der Arbeitswelt ausgeschlossen.

Ein inzwischen mehrfach ausgezeichnetes Kooperationsprojekt zwischen der Skanilo GmbH, einer Tochtergesellschaft des Behinderten-Werks Main-Kinzig e.V. (BWMK), der Software-Firma Main IT GmbH & Co. KG in Kelkheim und der Fachhochschule Frankfurt hat das weltweit erste barrierefreie Dokumenten-Management-System (DMS) hervorgebracht. Mit »Main Pyrus B.I.E.N.E. Edition« (Berufliche Inklusion Ein Nachhaltiger Erfolg) wurde ein Arbeitsmittel entwickelt, das es allen Menschen, unabhängig von ihrer Behinderung, ermöglicht, am Arbeitsprozess teilzunehmen. »Inklusion bedeutet, dass für alle Mitarbeiter der gleiche Standard geschaffen wird«, sagt Main-IT-Geschäftsführer Torsten Brinkmann. Er hat nicht nur ein System *für* behinderte Menschen entwickelt, er hat es auch gemeinsam *mit* ihnen entwickelt.

Arbeiten ohne Hürden – das bezieht sich auch auf die technischen Voraussetzungen. Denn Main Pyrus verfügt im Gegensatz zu bestehenden DMS-Produkten, die an bestimmte Betriebssysteme und Lizenzen gebunden sind, über einen einsehbaren Quellcode (Open Source). Dadurch lässt sich das Dokumenten-Management-System problemlos in bestehende Software-Landschaften integrieren. Teure Einzelplatz-Lösungen gehören damit der Vergangenheit an. Eine weitere Innovation ist die Erweiterungsmöglichkeit der Anwendung im laufenden Betrieb. Main Pyrus ist damit nicht nur für Unternehmen interessant, auch öffentliche Verwaltungen gehören zur Zielgruppe der Kelkheimer Firma. Denn diese sind seit 2002 durch das Gleichstellungsgesetz dazu verpflichtet, barrierefreie Anwendungen einzusetzen.

Manchmal beginnt eine Erfolgsgeschichte mit Ärger

Als Torsten Brinkmann von einem Bekannten hörte, dass ein blinder Mitarbeiter nach der Einführung einer neuen Software nicht mehr in der digitalen Dokumentenverwaltung einer Bundesbehörde tätig sein konnte, war blankes Unverständnis seine erste Reaktion. Und der Impuls: »Dagegen muss ich etwas tun.« Denn Brinkmann ist IT-Spezialist und hatte als Geschäftsführer der Main IT GmbH & Co. KG mit Sitz in Kelkheim / Taunus bereits ein herkömmliches Dokumenten-Management-System auf den Markt gebracht. Da sich Brinkmann seit eh und je ehrenamtlich engagiert und soziale Verantwortung übernimmt, war seine Motivation klar: »Ich wollte, dass Menschen

Präsentation des Projekts auf dem hessischen Transferforum im Dezember 2011 (von links): Dieter Posch, zu dieser Zeit hessischer Wirtschaftsminister, Torsten Brinkmann, Geschäftsführer der Main IT GmbH & Co. KG, Eva Kühne-Hörmann, hessische Ministerin für Wissenschaft und Kunst, Prof. Gerd Döben-Henisch von der Fachhochschule Frankfurt und Michaela Reil, Geschäftsführerin der Skanilo GmbH (BWMK).

mit Handicaps ohne Probleme am Arbeitsleben teilnehmen können.« Nun ist mit »Main Pyrus B.I.E.N.E. Edition« das weltweit erste barrierefreie Dokumenten-Management-System auf dem Markt – Brinkmann wird als Gründer-Champion gefeiert und erhielt von der KfW-Bankengruppe den Unternehmenspreis 2011.

Für die Umsetzung seines ambitionierten Vorhabens hatte sich Brinkmann zwei starke Partner gesucht: die Skanilo GmbH und die Fachhochschule Frankfurt am Main. Durch geschäftliche Beziehungen bestand bereits Kontakt zwischen Brinkmanns Firma Main IT GmbH & Co. KG und der Skanilo Bürodienstleistungen und Dokumentenmanagement GmbH, die 2008 gegründet worden war, um Arbeitsplätze für Menschen mit Behinderung zu schaffen und die Auftragsabwicklung in der Reha-Werkstatt in Hanau Großauheim (ebenfalls BWMK) zu unterstützen. Dort sind Menschen mit psychischen Beeinträchtigungen in der digitalen Dokumentenverwaltung tätig.

Steigende Auftragszahlen und wachsende Anforderungen hinsichtlich Technik, Datenschutz und Logistik hatten 2002 dazu geführt, den Kernbereich Dokumentenmanagement in der Reha-Werkstatt Großauheim zu konzentrieren. Seit dieser Schwerpunktsetzung wuchs das durchschnittliche Dokumentenvolumen auf zurzeit rund 140 000 Seiten pro Tag – Tendenz weiter steigend. Im Bereich Dokumentenverwaltung bietet die Skanilo GmbH ihren Kunden ein professionelles System des Datenmanagements an. Dabei sind vom Scannen über das Indizieren, Recherchieren, Lagern und Vernichten der Papierdokumente alle Leistungen in Kooperation mit der Reha-Werkstatt und den gewerblichen Partnern möglich. Technische Entwicklung und komplexe

In der Reha-Werkstatt Großauheim des Behinderten-Werk Main-Kinzig e. V. werden die Dokumente nach den Vorgaben der Kunden digitalisiert und archiviert.

Anforderungen seitens der Kunden stellen begreiflicherweise zunehmend Ansprüche an die Beschäftigten.

Den Arbeitsprozess so überschaubar und barrierefrei wie möglich zu gestalten, damit jeder Einzelne seine Fähigkeiten einbringen kann, ist nach Angaben der Skanilo-Geschäftsführer Thomas Weber und Michaela Reil seit jeher wesentliches Ziel der Reha-Werkstatt und der Tochtergesellschaft.

Hinzu kommt, dass das Unternehmen mittlerweile über enormes Fachwissen hinsichtlich der Abläufe bei seinen Kunden verfügt und sich daher individuell auf die jeweiligen Prozesse und Strukturen einstellen kann.

Mit seinem Ansinnen traf Brinkmann somit auf einen Partner mit Knowhow – und gleichzeitig ins Zentrum der Bedürfnislage bei der Skanilo GmbH. Da ein Dokumenten-Management-System ohne Scanmodul unbrauchbar ist, sollte die BWMK-Tochter als Projektpartnerin die Anforderungen an einen Scan-Client beschreiben, der in jeglicher Hinsicht und für alle Beteiligten barrierefrei zu nutzen sein würde.

Im Laufe der Konzeptionsphase zeigte sich, dass ein dritter Partner im Boot von Vorteil sein würde, und so nahm Brinkmann Kontakt zur Fachhochschule Frankfurt auf, wo seit Sommer 2005 der interdisziplinäre Masterstudiengang »Barrierefreie Systeme« angeboten wird. Der Studiengang ist ein Verbund von drei fachspezifischen Studienrichtungen, die in einer Projektschiene mit einem gemeinsamen Forschungsprogramm kooperieren und als Master »Barrierefreies Planen und Bauen«, »Intelligente Systeme« sowie »Case Management für barrierefreies Leben« abschließen. Seitens der Fachhochschule wurde Stefan Müller als Anforderungsmanager eingesetzt. Der blinde Akademiker definierte die Anforderungen an ein barrierefreies DMS-System aus Nutzersicht und wirkte gleichzeitig bei den Ableitungen der Funktionen aus Entwicklersicht mit. Insgesamt arbeiteten im 15-köpfigen Projektteam vier Menschen mit Behinderung.

Stefan Müller ist blind. Der Akademiker und Archivar hat im Projekt »Barrierefreies Open Source Dokumenten-Management-System« mitgearbeitet und die Anforderungen beschrieben. Stefan Müller arbeitet heute in Torsten Brinkmanns Firma Main IT GmbH & Co. KG in Kelkheim / Taunus.

Vorüberlegungen und Ziele

Der Partnersuche war eine Machbarkeitsstudie vorausgegangen. Brinkmanns Marktanalyse hatte ergeben, dass der deutsche Markt für Dokumenten-Management-Systeme von den einschlägigen, großen Software-Häusern dominiert wird. Laut Brinkmann bieten diese entweder schlichte Lösungen wie Archivfunktionen und einfache Ordnerstrukturen an, die sich bei steigenden Anforderungen an das System als ungenügend erweisen. Oder sie offerieren umfangreiche Lösungen und Schnittstellen, die aber an ein bestimmtes Betriebssystem oder eine Datenbank geknüpft sind. Allen diesen Produkten ist gemein, dass sie über ein proprietäres Lizenzmodell vertrieben werden. Das heißt: Pro Arbeitsplatz oder Schnittstellenmodul werden Lizenzgebühren fällig. Dieser Umstand lässt die Anfangsinvestitionen bei der Einführung eines DMS-Systems stark anwachsen. Da es sich außerdem um Closed-Source-Software handelt (der Source-Code der Software ist nicht einsehbar), werden Anpassungen für den Kunden äußerst schwierig bis unmöglich oder sehr teuer.

Brinkmanns Nachforschungen zufolge wird die Gestaltung der Funktionen bei gängigen DMS-Systemen überdies oft vernachlässigt. Das zeige sich in komplizierter Menüführung, Verwendung von nicht erklärten Fachbegriffen, zu kleinen Beschriftungen, zu geringen Kontrasten und ähnlichen Problemen mehr. Im Ergebnis entstehen Lösungen, die nicht richtig bedient werden können oder sogar ganze Mitarbeitergruppen ausschließen. Brinkmann wurde schnell klar, dass ein barrierefreies Dokumenten-Management-System einer großen Gruppe von Menschen mit Beeinträchtigungen den Zugang zum Arbeitsmarkt eröffnen würde. Beispielsweise bestätigte die Frankfurter Stiftung für Blinde und Sehbehinderte dem IT-Spezialisten, dass eine barrierefreie DMS-Anwendung eine Riesenchance sei, hoch qualifizierte Arbeitsplätze in öffentlichen und privaten Unternehmen zu schaffen.

In vielen Gesprächen mit der Stadtverwaltung Dortmund brachte Brinkmann zudem in Erfahrung, welche Probleme bei bestehenden DMS-Lösungen auftreten. Neben der hohen Erstinvestition wurde häufig bemängelt, dass die Dokumenten-Management-Systeme nicht flexibel genug seien, um komplexen Verfahren in der Kommunalverwaltung gerecht zu werden.

Nach ausgiebiger Recherche standen die Ziele des Projekts fest: Das neu zu entwickelnde Dokumenten-Management-System sollte alle Möglichkeiten eines handelsüblichen DMS bieten, darüber hinaus auf allen Betriebsplattformen laufen und sämtliche gängigen Datenbanken unterstützen. Zusätzlich sollte die Anwendung flexibel an die Bedürfnisse des jeweiligen

In der Reha-Werkstatt Großauheim des Behinderten-Werk Main-Kinzig e.V. sind zurzeit 96 Menschen mit psychischen Beeinträchtigungen in der digitalen Dokumentenverarbeitung tätig.

Kunden angepasst werden können. Nach Einführung des Systems sollten alle Dokumente nur noch zentral in einer Anwendung gespeichert, gesucht und archiviert werden. Auch die vom Gesetzgeber vorgeschriebene Verfahrensdokumentation bei der Archivierung von steuerrechtlich relevanten Dokumenten sollte mit vertretbarem Aufwand nachzupflegen sein. Überdies sollte das neue System je nach Aufgabenstellung des Anwenders zu ändern beziehungsweise zu erweitern sein. Nutzungsfreundlichkeit in jeglicher Hinsicht – insbesondere für Menschen mit Handicaps – stellte die Projektpartner vor weitere Herausforderungen. Insbesondere der Scan-Client sollte leicht und intuitiv zu bedienen sein.

Finanzierung

Die Ziele waren gesteckt, die Partner gefunden – nun ging es darum, die Finanzierung des Projekts und die einzelnen Projektschritte zu planen. Unter anderem wandte sich Torsten Brinkmann an die Innovationsberatung der Industrie- und Handelskammer Frankfurt und wurde auf das Forschungsprogramm »LOEWE« des Landes Hessen aufmerksam gemacht. LOEWE steht für Landes-Offensive zur Entwicklung Wissenschaftlich-ökonomischer Exzellenz. Damit fördert die Landesregierung hessische Hochschulen und Forschungseinrichtungen bei der weiteren Profilierung und Umsetzung strategischer Ziele. LOEWE unterstützt herausragende wissenschaftliche Verbundvorhaben, insbesondere auch die intensive Vernetzung von Wissenschaft, außeruniversitärer Forschung und Wirtschaft.

Als Motor des Projekts »Barrierefreies Open Source DMS…« prüfte Brinkmann die Zulassungskriterien zu diesem Förderprogramm und machte sich anschließend daran, eine 16-seitige Projektskizze sowie einen noch umfangreicheren Projektplan auszuarbeiten. Darin sind Projektbeschreibung, Machbarkeitsstudie, Zielsetzung, Ablauf und Projektpartner detailliert beschrieben. Überdies wurden darin die einzelnen Arbeitsschritte und der zeitliche Rahmen festgelegt.

Das Manuskript erwies sich als überzeugend: Als eines von fast 100 Kooperationsprojekten hessenweit wurde das Forschungsprojekt aus Kelkheim mit 185 000,– Euro gefördert. Aus diesem Topf konnte Brinkmann vier Projektmitarbeiter mit Behinderung finanzieren: Je einen blinden Entwickler und Anforderungsmanager sowie zwei Menschen mit körperlichen und psychischen Beeinträchtigungen. Der erste Teil des Projekts wurde 2011 abgeschlossen – und die Mitarbeiter mit Behinderung wurden bei der Main IT in ein sozialversicherungspflichtiges Arbeitsverhältnis übernommen. Zusätzlich konnten zwei Arbeitsplätze mit Menschen ohne Behinderung besetzt werden. In der Abschlussevaluation des Landes Hessen erreichte das Projekt die Endnote »sehr gut« – weil nicht nur die gesteckten Ziele erreicht, sondern auch Arbeitsplätze geschaffen worden waren. Die neue Software Main Pyrus ermöglicht nicht nur barrierefreies Arbeiten, sondern bietet eine Basis für Weiterbildungs- und Wiedereingliederungskonzepte im beruflichen Bereich.

Fazit und Ausblick

Die Entwicklung des barrierefreien Open-Source-DMS »Main Pyrus« hat eine Situation geschaffen, von der nicht nur die beteiligten Unternehmen und Institutionen profitieren, sondern vor allem behinderte oder auch ältere Mitarbeiter. Und nicht zuletzt ist die Vision des papierlosen Büros wieder einen Schritt näher an die Realisierung herangerückt.

Mittlerweile hat Brinkmann neue Kunden gewonnen: Unter anderem ein Maschinenbauunternehmen im Ruhrgebiet verwendet Main Pyrus B.I.E.N.E. Edition. Das Interesse an dem barrierefreien DMS ist groß: Die Blindenstudienanstalt (Blista) Marburg möchte es einführen, und ein großer Fachbuchhändler mit 32 Niederlassungen in Deutschland prüft zurzeit, ob er damit künftig seinen Rechnungseingang verwalten wird. In diesem Prozess werden sowohl Main IT als auch Skanilo eingebunden sein und Dienstleistungen erbringen. Parallel wird an der Optimierung der Funktionen des DMS gearbeitet. Zum Beispiel gibt es seitens Skanilo erweiterte Anforderungen an den Scan-Client, die sich auf Barcode- und Texterkennung, Qualitätsmanagement und weitere Punkte beziehen. Die Projektpartner sind stolz auf das Erreichte – und motiviert, sich den weiteren Herausforderungen zu stellen.

Brinkmann freut sich besonders über die geglückte Verbindung zwischen sozialen und wirtschaftlichen Aspekten: »Auf diese Weise wird Nachhaltigkeit nicht nur postuliert, sondern gelebt. Der Nutzen solcher Initiativen wird auch anderen Unternehmen zunehmend klar.« Brinkmann ist sich sicher, dass unternehmerische Sozialverantwortung, oft beschrieben mit dem Begriff Corporate Social Responsibility (CSR), bei der Auswahl von Produkten und Dienstleistungen künftig eine starke Rolle spielen wird.

Kurz gefasst

Projektname: *Barrierefreies Dokumenten-Management-System »Main Pyrus B.I.E.N.E. Edition«*

Einrichtung: *Reha-Werkstatt Großauheim und Skanilo GmbH des Behinderten-Werk Main-Kinzig e.V. (BWMK)*

Zahl der Werkstatt-Beschäftigten: *96*
Zahl der Beschäftigten in der Integrationsabteilung der BW Dienstleistungsgesellschaft: *33, davon 18 Menschen mit körperlichen, Sinnes- oder Mehrfachbehinderungen*
Zahl der Beschäftigten bei Skanilo: *68, davon elf Menschen mit schweren Behinderungen*

Kontaktdaten: *Michaela Reil | Reha-Werkstatt Großauheim | In den Heimerswiesen 1 | 63457 Hanau |*
Tel. 06181/95 99 56 | Mobil 0175/1668758 | Fax 06181/9599 60 |
E-Mail: reil.michaela@bwmk.de | www.skanilo.de, www.main-it.de |

Autorin des Beitrags: *Dorothee Müller*

[kʊltuːr zɛnˈziːbəl]

Das Konzept einer kultursensiblen Arbeitswelt der Berliner Werkstätten für Behinderte GmbH

»Ich bin ein Berliner …«

Der berühmte Satz von J.F. Kennedy steht heute für die kulturelle Vielfalt der Metropole Berlins. 26 % der Berlinerinnen und Berliner sind nichtdeutscher Herkunft, damit ist die deutsche Hauptstadt Spitzenreiter im bundesweiten Durchschnitt. In Werkstätten ist der Anteil aber deutlich geringer, obwohl sich die Zahl der Menschen mit Behinderung in Familien mit Migrationshintergrund nicht stark unterscheiden dürfte von der in Familien deutscher Herkunft. Die Gründe hierfür sind Barrieren, wie zum Beispiel fehlende Sprachkenntnisse, Diskrimierungserfahrungen und Angst vor aus-

länderrechtlichen Konsequenzen. Die Erfahrungen zeigen, dass aus Furcht, abgeschoben zu werden oder keine Aufenthaltsverlängerung zu erhalten, Migrantinnen und Migranten mit Behinderung ihren Schwerbehindertenausweis bei der Ausländerbehörde oft nicht vorlegen. Es fehlen Informationen über Art und Zugang von Unterstützungsmöglichkeiten, die diese Art von Scheu und Zurückhaltung erklären. Es stellt sich die Frage, ob Menschen nichtdeutscher Kultur mit einer Behinderung doppelt benachteiligt sind und dadurch einen doppelten Integrationsbedarf haben.

Durch die interkulturelle Öffnung unserer Werkstatt sollen Barrieren abgebaut und die Teilhabe verbessert werden.

Kultursensibilität und Inklusion: Attraktive Begriffe – unklare Bedeutungen

Die Auseinandersetzung mit dem Thema »Kultursensible Arbeitswelt« bedeutet für die BWB ein Nachdenken über inklusive Strukturen und die dafür notwendigen Haltungen.

»Kultursensibilität« ist ein Begriff, der nur Kontur erhält und glaubwürdig wird, wenn er sich einerseits konkret auf die Arbeitsprozesse der BWB bezieht und andererseits auf die professionelle Haltung der jeweiligen Fachleute. Sprache und Identität sind außerdem wichtige Kriterien, um die notwendigen Rahmenbedingungen zu schaffen. Ein gelungener Dialog hängt davon ab, ob sich die Gesprächspartner verstehen können (Sprache) und verstehen wollen (Respekt)!

Die BWB organisiert ihre Personalentwicklung für Menschen mit und ohne Behinderung nach einer gemeinsamen Struktur des Wissensmanagements, dem Innovativen Bildungssystem-IBS (vgl. http://www.bwb-gmbh.de/bildung/ibs/ sowie: K.E. Ackermann, R. Burtscher, E.J. Ditscheck, W. Schlummer (Hg.): Inklusive Erwachsenenbildung).

Der Weiterbildungsbedarf eines jeden Einzelnen wird durch Gespräche (Berufswegekonferenz/Mitarbeitergespräche) in Erfahrung gebracht und durch vorhandenes Wissen und Fähigkeiten differenziert, um jedem Einzelnen nach seinen individuellen Möglichkeiten in unserem internen Bildungssystem (Kurse) zu fördern. Durch diese Suche nach Ressourcen für Bildung und Entwicklung in unserer Werkstatt, rückte die Kulturkompetenz unweigerlich in den Fokus. Die Fähigkeit, andere Sprachen zu sprechen, sich auf »Verschiedenheiten« einzulassen und wertschätzend miteinander umzugehen, wurde als wichtige Ressource für Beratungen und den Dialog mit Geschäftspartnern gesucht. Dadurch werden verschiedene kulturelle Hintergründe wie: deutsch, türkisch, arabisch, russisch, englisch, vietnamesisch nicht aus dem Blickwinkel einer Randgruppe betrachtet, sondern als zukünftiges Entwicklungspotenzial für unsere Werkstatt gesehen.

Zu diesen Leitlinien und strukturellen Rahmenbedingungen passt die Definition der Multikulturalität III nach Prof. Bolten. Demnach bewahren sich kulturelle Gruppen identitätsstiftende Freiräume und praktizieren ein interkulturelles Miteinander. Es wird gemeinsam entschieden, wie wir unseren Arbeitsalltag leben wollen. So entstehen Konventionen, Regeln und eigene Routinen für die Arbeitskultur in der BWB. (vgl. die Varianten der Multikulturalität nach Prof. Dr. Bolten unter http://www.thueringen.de/imperia/md/content/lzt/interkulturellekompetenz.pdf)

Aus religiösen Gründen gab zum Beispiel ein Mitarbeiter einer Gruppenleiterin zur Begrüßung nicht die Hand. Im persönlichen Gespräch mit dem Mitarbeiter und seiner Familie wurden die Hintergründe für sein Handeln erkennbar. Er suchte Unterstützung in seiner Religionsgemeinde und fand heraus, dass ihm sein Glaube durchaus erlaube, einer Frau zur Begrüßung die Hand zu reichen. Anschließend verabredete er sich erneut mit den Fachkräften zu einem Gespräch.

Auch die Anfrage einer Mitarbeiterin nach einem Gebetsraum wurde in allen Gremien diskutiert, die Argumente dafür und dagegen abgewogen und letztendlich als nicht durchführbar eingestuft. Der Mitarbeiterin und ihrer Familie wurden die Gründe dafür in einem persönlichen Gespräch erläutert. Der gegenseitige Respekt, das Bemühen, den anderen zu verstehen, und der wertschätzende Dialog miteinander sind ist die Basis für einen vertrauensvollen, gemeinsamen Weg.

Die kultursensible Praxis in der BWB

Anfangs befassten sich Fachkräfte der BWB mit der Analyse von möglichen Zugangsbarrieren. Dabei wurden Fachpersonal, Mitarbeiterinnen und Mitarbeiter sowie die für die Organisation Verantwortlichen der BWB nach sichtbaren, psychologischen, aber auch strukturellen Barrieren befragt. Vor allem fiel auf, dass bei wichtigen Entscheidungen – wie Mitarbeitergespräche, Berufswegekonferenzen, Reha-Gespräche – der Dialog ausschließlich in deutscher Sprache stattfand. Neben der jeweiligen individuellen Einschränkung durch eine Behinderung, kam die Sprachproblematik noch hinzu. Für eine selbstbestimmte Einbindung der Mitarbeiterinnen und Mitarbeiter eine wahrlich große Barriere. Auch fehlten ausreichende Informationen zu kulturellen Hintergründen und religiösen Ritualen.

Alle Angebote über Bildung und Arbeit in unserer Werkstatt gab es ausschließlich in deutscher Sprache. Nicht zu wissen, was Werkstatt ist oder welche Rechte und Angebote den zu Betreuenden zustehen, können für Familien aus einem anderen Kulturkreis Zurückhaltung und Skepsis auslösen.

Mögliche Barrieren, überhaupt auf Werkstätten zuzugehen, sind:
– Missverständnisse und Vorurteile (Stereotypisierung)
– Überforderungsgefühl und Kompetenzverlustängste
– Beharren auf eingespielten Wissen- und Handlungsroutinen
– Sich nicht zuständig fühlen
– Verunsicherung und fehlende Reflexion des eigenen kulturellen Hintergrundes
– Diskriminierung durch das Fachpersonal
– Kommunikationsstrukturen und bürokratische Arbeitsweise
(vgl. http://www.i-iqm.de/dokus/Interkulturelle_Orientierung%20_oeffnung.pdf).

Die Projektgruppe »Kultursensible Werkstatt«

Im Rahmen der interkulturellen Öffnung gründete die BWB eine Projektgruppe »Kultursensible Werkstatt«. Das interdisziplinäre Team erarbeitete zunächst einen Fragenkatalog bzw. eine Bedarfsanalyse, um die Wünsche und Bedürfnisse von den Menschen mit und ohne Migrationshintergrund zu erfahren. Zu den wesentlichen Aufgaben der Projektgruppe gehörte die operative Planung der Handlungsschritte für die Umsetzung der Konzeptinhalte. Das Konzept zur interkulturellen Öffnung beschreibt in sechs Punkten ein Leitbild für unsere Werkstatt:

Sprache und Kommunikation
Mangelnde Sprachkenntnisse und/oder unterschiedliche Kommunikation führen zu Missverständnissen und Ängsten, vor allem in Konfliktsituationen. Außerdem bevorzugen Menschen, egal welcher Herkunft, bei emotional behafteten Themen – wie zum Beispiel ein Trauerfall in der Familie, Beziehungsprobleme oder Krisensituationen – eine Kommunikation in ihrer Muttersprache. Um hier besser miteinander zu kommunizieren, verfolgt die BWB verschiedene Ansätze:
– Benennung von Ansprechpartnern, die bei ersten Kontakten mit der Werkstatt oder im Konfliktfall in der jeweiligen Muttersprache vermitteln können, gegebenenfalls auch durch Hinzuziehung eines Dolmetschers.
– Förderung von Deutschkenntnissen der behinderten Mitarbeiter/innen (zum Beispiel Alphabetisierungskurse, fachspezifische Deutschkurse, mit dem Ziel, Werkzeuge und Handlungen aus dem Arbeitsalltag in der deutschen Sprache zu beherrschen)
– Interkulturelle und geschlechtsspezifische Gesprächskreise zum gegenseitigen Verstehen

Befähigung der Gruppenleiterinnen und Gruppenleiter
Durch Fortbildungsveranstaltungen und Diskussionen lernen wir mit Widersprüchen zwischen den Kulturen umzugehen, empathisch zu sein sowie eigene Stereotypen und Vorurteile zu erkennen und zu revidieren. Das ist ein nicht immer konfliktfreier und vor allem ein kontinuierlich andauernder Prozess!
– Einstellung von Gruppenleiter/innen mit Migrationshintergrund
– Aufklärung, Verständnis und Informationen über die verschiedenen ver-

tretenen Kulturen, Traditionen und Religionen (Weiterbildungen)
- Unterstützung bei der Formulierung von Grenzen und gegenüber unberechtigten Anforderungen (Supervision)
- Einbringen der Inhalte in die Lehrpläne der Sonderpädagogischen Zusatzausbildung
- Fortbildung der Gruppenleiter/innen zur Stärkung der interkulturellen Kompetenz
- Umsetzung des Konzeptes interkulturellen Lernens im Alltag

Informationen für Eltern und Betreuerinnen/Betreuer
Hier geht es um aufklärende Informationsarbeit, was Werkstatt bedeutet, aber auch darum, Vertrauen zu unserer Werkstatt aufzubauen. Wir kommunizieren, was Kultursensibilität in der BWB bedeutet.
- Bereitstellen von verständlichem Informationsmaterial in verschiedenen Sprachen sowie Benennung von Ansprechpartnern
- Erläuterung der akzeptierend-respektvollen Grundhaltung gegenüber Menschen mit Behinderung und/oder Migrationshintergrund
- Erläuterung der Möglichkeiten behinderter Menschen in der Werkstatt und darüber hinaus
- Offenes Aufzeigen auch dessen, was nicht möglich ist
- Führungen in der Landessprache
- Unterstützung bei der Antragsstellung
- Beratungsangebote durch unser interdisziplinäres Team (Sozialarbeiter, Psychologe, Pädagoge, Gruppenleitung) und Unterstützung in verschiedenen Lebenslagen (systemische Ausrichtung)

Angebote des gegenseitigen Lernens entwickeln
Unterschiedlichkeit wird dann zur Bereicherung, wenn voneinander gelernt werden kann. Dies zu fördern ist Bestandteil des Konzeptes durch:
- Installierung gemeinsamer Bildungsangebote wie Gesprächskreise, Sprachförderung, Angebote für Frauen und Männer, Biografiearbeit
- Sozialräumlich orientierte Austausch- und Bildungsangebote

- Soziale Trainings im Bereich der Teamentwicklung
- Sozialpädagogische Reisen zur gegenseitigen Verständigung und Festigung der Kulturkompetenz auf beiden Seiten
- Gemeinsame Feiern in den verschiedenen Traditionen (Weihnachtsfest, Zuckerfest) etc.

Rahmenbedingungen schaffen

Die Gestaltung des Rehabilitationsprozesses unter kultursensibler Reflexion bedeutet, die Selbstbestimmung der Teilnehmer / innen am Bildungsprozess auf deren spezifischen Bedarf hin zu hinterfragen und ggf. immer wieder zu modifizieren.

- Falls notwendig: Beteiligung von Dolmetscher / innen / n an den Rehabilitationsgesprächen, die alle zwei Jahre stattfinden
- Begleitung durch Reha-Pläne, auch in externe Beschäftigungsverhältnisse
- Aufbau von Beziehungen zu Arbeitgeber / inne / n des allgemeinen Arbeitsmarktes mit Migrationshintergrund
- Stärkung des Werkstattrates für die Belange behinderter Menschen mit Migrationshintergrund
- Prüfung, ob die Stelle eines / einer Inklusionsbeauftragten geschaffen werden kann

Vernetzung

Inklusion ist keine Einbahnstraße, sondern beruht auf der Zusammenarbeit verschiedener Gruppen. Der Aufbau eines breiten Netzwerkes – Integrationsbeauftragte, Arbeitskreise, Selbsthilfegruppen, Beauftragte für die Belange der Menschen mit Behinderung, Akteure aus Gemeinden, Konsulate und Dolmetscherdienste – schafft Vertrauen und ermöglicht Synergieeffekte. Wir arbeiten aktiv in Arbeitskreisen mit, laden zu Informationsveranstaltungen ein, sind als Dozent / inn / en zu diesem Thema tätig und geben Student / inn / en aus anderen Europäischen Ländern gerne die Gelegenheit im Rahmen ihrer Studiengänge kleine Projekte zu diesem Thema zu betreuen oder empirische Studien zu erheben. Diese öffentliche Auseinandersetzung lässt Raum für innovative Ideen und einen über die Landesgrenze hinausreichenden gemeinsamen Austausch:

– Vernetzung mit Unternehmer / inne / n mit Migrationshintergrund
– Kooperation mit Migrantenselbsthilfeorganisationen
– Kooperation und Zusammenarbeit mit Einrichtungen und Stellen, die die Inklusion von Menschen mit Migrationshintergrund befördern.

Das Konzept einer kultursensiblen Arbeitswelt

Nach dreijähriger Erfahrung können wir sagen, dass für die interkulturelle Öffnung der BWB der Abbau von Zugangsbarrieren und Abgrenzungsmechanismen und die Sensibilisierung der Haltung des Fachpersonals gegenüber Menschen verschiedener Herkunft in den Vordergrund rückt. Ein guter Dialog braucht eine gemeinsame Sprache, aber in bestimmten Situationen auch Unterstützung durch die jeweilige Muttersprache, um Zusammenhänge besser zu verstehen. Ziel ist die selbstbestimmte Teilhabe! Begegnungen durch gemeinsame Feste, die im interkulturellen Jahreskalender einen festen Platz in unserem Arbeitsalltag haben, bauen Vorurteile ab und fördern die Teamfähigkeit. Die BWB ist so organisiert, dass Teilnehmerinnen und Teilnehmer verschiedener kultureller Herkunft gleichermaßen den Prozess der Integration gestalten, ohne dabei ihre kulturellen Eigenständigkeiten zu verlieren. Dazu gehört das Benennen der Möglichkeiten, aber auch die klare Kommunikation der Grenzen. Beispielsweise bemühen wir uns darum, dass Mitarbeiterinnen auch von weiblichen Pflegekräften betreut werden, erklären aber auch, dass in Notfällen dies nicht immer gewährleistet werden kann.

Das Konzept einer kultursensiblen Arbeitswelt wurde zum Baustein einer kompetenzorientierten Unternehmensführung durch

– die Struktur einer personalen Entwicklung für alle Beschäftigten der BWB, die einen kompetenzorientierten Blick schon organisatorisch festlegt

– die Analyse unserer Prozesse und die Einleitung von Handlungsschritten auf allen Ebenen

– eine wertschätzende, um Vertrauen werbende, offene Kommunikation nach innen und außen.

Für die BWB ist die Beschäftigung mit einer kultursensiblen Arbeitswelt ein sehr bewusster intensiver Prozess, den es immer wieder zu hinterfragen und ggf. zu modifizieren gilt.

Wir entwickeln uns aus den eigenen Ressourcen (Kompetenzen); ein Auftrag, der jeder Werkstatt gestellt wird. Nach den Fähigkeiten, die die Mitarbeiter jeweils mitbringen, wird die Arbeit zugeordnet bzw. »aufbereitet«. Das »Entdecken« der Kultur als Vielfalt und Bereicherung ist eine erfolgreiche Differenzierung. Sie fördert den Dialog mit Wirtschaftspartnern, unterstützt Bildung und persönliche Entwicklung und schafft ein gutes Arbeitsklima. Es stellt sich die Frage, ob hier Werkstatt zu einem Vorbild für eine inklusive Unternehmensführung wird?

An unserem Standort BWB-Süd (Fontanestraße) nehmen am Berufsbildungsbereich 70% Menschen nichtdeutscher Herkunft teil. Bei einer Umfrage durch niederländische Studentinnen der Hogeschool Utrecht antwortete Murat M. auf die Frage: »Kennen Sie Menschen aus einem anderen Land?« – »Nein, wir sind alles Kollegen!«

Kurz gefasst

Einrichtung: *Berliner Werkstätten für Menschen mit Behinderung GmbH (BWB)*

Projektname: *BWB – die kultursensible Werkstatt*

Zahl der Beschäftigten: *1570*

Kontaktperson: *Dominic Merten*

Kontaktdaten: *Berliner Werkstätten für Menschen mit Behinderung GmbH (BWB)* |
Westhafenstraße 4 | 13353 Berlin |
Tel. 030/390 96-135 | Mobil: 0152/566 116 06 |
E-Mail: merten@bwb-gmbh.de | www.bwb-gmbh.de |

Autorinnen des Beitrags: *Berni Jansen, Leiterin Begleitender Dienst BWB-GmbH,
und Pinar Can, Sozialpädagogin BWB-GmbH*

Produktion und Dienstleistung als Chance zur Begegnung im Sozialraum

Gesellschaft für psychosoziale Einrichtungen (gpe) Mainz

Die Besonderheiten des gpe-Konzeptes

Eine Werkstatt mit dezentraler Struktur

1993 richtete die gpe die ersten Arbeitsplätze der anerkannten Werkstatt für Menschen mit einer psychischen Behinderung ein und nannte die Werkstatt ServiceCenter. Die 60 geplanten Plätze befanden sich in einem umgebauten Gebäude in einem Mainzer Gewerbebetrieb und umfassten die Abteilungen Montage und Verpackung, Buchbinderei, Schneiderei und eine Ausgabeküche.

Heute, 20 Jahre später, umfasst die Werkstatt 240 Arbeitsplätze. Keine ungewöhnliche Entwicklung. Das Ungewöhnliche ist zunächst die Dezentralität der Werkstatt. Das ServiceCenter ist auf acht Standorte in Mainz und Umgebung verteilt. Die zwei größten Standorte der Werkstatt umfassen jeweils 70 Arbeitsplätze. Die kleinste ausgelagerte Arbeitsgruppe bietet vier Arbeitsplätze.

Zukunftsmodell Dienstleistung

Eine weitere Entwicklung betrifft die Arbeitsschwerpunkte der Werkstatt. Die neuen Abteilungen wurden im Bereich der Dienstleistung etabliert und so weist die Werkstatt 20 Jahre nach Gründung folgende Zusammensetzung der Arbeitsplätze auf:

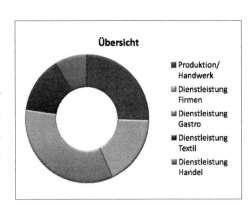

Arbeitsplätze im Dienstleistungsbereich, gerade in der Gastronomie, unterscheiden sich in vielen Punkten von Arbeitsplätzen in der Produktion. Dies wird im Zuge dieses Beitrages noch deutlicher. An dieser Stelle genügt der Hinweis, dass viele unserer Dienstleistungsangebote öffentlich erlebbar sind, das heißt Kundinnen und Kunden nehmen die Arbeit von Menschen mit Behinderung als Dienstleistung in Anspruch. Das Arbeiten mit Behinderung kann so in den Fokus der Aufmerksamkeit gelangen und ereignet sich mitten in der Gesellschaft.

Schnittstelle zum ersten Arbeitsmarkt und Integrationsmanagement
1999 stellte das ServiceCenter die erste Integrationsassistentin mit dem Ziel ein, Werkstattbeschäftigte an der Nahtstelle zum ersten Arbeitsmarkt zu begleiten. Schulungen, Praktika und Vermittlung waren die Aufgabenschwerpunkte. Durch die Teilnahme an dem Modellprojekt »Arbeitsweltbezogene Integrationsmodelle in der WfbM« von 2002 bis 2005 wurde diese Arbeit systematisiert und zum Integrationsmanagement ausgebaut. 21 Personen werden derzeit auf ausgelagerten ambulanten Arbeitsplätzen des Berufsbildungsbereichs oder auf Außenarbeitsplätze im Arbeitsbereich begleitet. Ca. 30 Werkstattbeschäftigte werden jährlich während ihrer Praktika auf dem allgemeinen Arbeitsmarkt begleitet. Durch das rheinland-pfälzische Budget für Arbeit werden immer wieder Werkstattbeschäftigte vermittelt und in Anschluss ein Jahr begleitet. Die Erfahrung zeigt, dass viele der Personen auf den ausgelagerten Plätzen bzw. für die anstehende Vermittlung aus den kleineren dezentralen Einheiten stammen. Die gastronomischen Angebote zeichnen sich hier besonders aus.

Mit der INN-Küche fing es an
1997 übernahm das ServiceCenter die Küche eines Beschäftigungsträgers aus Mainz, die gesunde Ernährung für Kindergärten produzierte. 2001 baute die gpe an die vorhandene Küche an und eröffnete den Integrationsbetrieb Hotel INNdependence. Im Jahr 2002, ein halbes Jahr nach Eröffnung, stellte sich die Frage, ob die bisherige Struktur der Küche als Werkstattabteilung in

diesem Gebäude so bestehen bleiben konnte. Bisher wurden Kindergarten-essen produziert und die Arbeitszeiten reichten von 8.00 bis 16.00 Uhr. Ein Hotel mit Tagungsgeschäft stellte andere Anforderungen an Arbeitszeiten und Flexibilität. Also beschäftigten wir uns mit der Frage, ob Werkstattbe-schäftigte mit einer psychischen Erkrankung grundsätzlich in der Lage sein können, Schichtdienst sowie Wochenend- und Feiertagsarbeit zu leisten. Verbunden damit war die Frage, ob die Werkstatt weiterhin eine kleine de-zentrale Einheit betreiben sollte. Beide Fragen wurden positiv beantwortet. Die Anzahl der Arbeitsplätze wurde aufgestockt, um ein Zwei-Schichten-System und eine Sieben-Tage-Woche zu erreichen, und wir entschieden uns für die dezentrale Einheit. Verbunden damit war die Öffnung des Restau-rantbereiches für einen Mittagstisch, Sonntagsbrunch und Familienfeiern. Bürger und Bürgerinnen der Mainzer Oberstadt nehmen dieses Angebot seit über zehn Jahren gut an. Die Erfahrungen mit dieser Umstellung prägten das ServiceCenter und legten den Grundstein für weitere Entscheidungen.

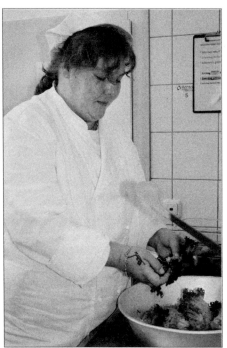

Für unsere Mitarbeiter (Werk-stattbeschäftigte und Personal) hatte die Umstellung mehrere Auswirkungen:

Statt einer anonymen Produk-tion von Kindergartenessen wird für die Gäste des Hauses produ-ziert. Rückmeldungen über die Qualität des Essens und den Ser-vice sind direkt erfahrbar und Qualitätsverbesserungen werden unmittelbar erlebt.

Der Aufbau der Buffets und das Abräumen stellen immer wieder Kontakte zu Gästen her.

Erlebt wird vor allem die Be-schäftigung in der Küche eines

Drei-Sterne-Hotels und weniger die in einer anerkannten Werkstatt für behinderte Menschen.

Die Zusammenarbeit mit den Integrationsmitarbeitern, Praktika im Integrationsbetrieb und Kontakte zu Auszubildenden und Gästen stellen immer wieder Möglichkeiten zur Begegnung während der Arbeitszeit außerhalb des Werkstattrahmens dar.

Die ermutigenden Erfahrungen mit der INN-Küche ließen ähnliche Möglichkeiten als interessant und realisierbar erscheinen. Intern sprechen wir von »der Zeit des organischen Wachstums«. Man entwickelt sich in das Feld hinein, in dem bereits die ersten Wurzeln liegen und Nährstoffe und Wasser einen weiteren Wachstumsprozess ermöglichen.

Mittlerweile entwickeln wir bewusst unsere Ziele und gehen den Weg der Dezentralisierung, verbunden mit der Entwicklung von Dienstleistungsangeboten mit direktem Kundenkontakt, Schritt für Schritt weiter.

Wie es weiterging

Diese Zielsetzung begleitete und begleitet den Weg des ServiceCenters. Der nächste Schritt war 2005 die Eröffnung einer kleinen Wäscherei im Caritas-Altenzentrum Maria Königin in einem Vorort von Mainz. Die Abteilung hat die hauseigene Wäscherei nach einer Zeit der Stilllegung und des Außer-Haus-Gebens der Wäsche wieder in Betrieb genommen und wäscht dort die Bewohnerwäsche des Hauses. Weiterhin wird Privatwäsche der Bürger und Bürgerinnen des Vorortes angenommen. Für das Altenzentrum hat dies den Vorteil, dass die Wäsche im Haus bleibt und Verwechs-

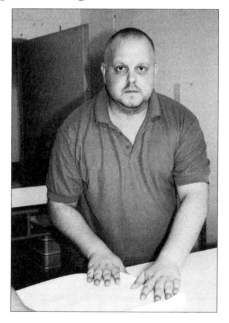

lungen und Verluste damit kaum noch vorkommen. Als weiteren Vorteil können die Seniorinnen und Senioren die Wäscherei besuchen und nach dem Verbleib ihrer Wäsche fragen.

2006 wurde ein Café Bistro – der GastHof Grün – eröffnet. Der GastHof Grün ist Teil eines Projektes der Wohnbau Mainz, dem Grünen Hof. Hinter diesem Namen verbirgt sich die Idee eines Mehrgenerationenwohnens für Familien und Singles. Viele der Wohnungen sind barrierefrei ausgebaut.

2007 startete unsere erste Berufsausbildung in außerbetrieblichen Einrichtungen (BAE) zur Fachkraft für Gastgewerbe und Köche. Ermutigt durch die dezentralen Erfahrungen und die enge Zusammenarbeit mit anderen Institutionen organisierten wir diese Ausbildung in Bietergemeinschaft und verteilten sowohl die Auszubildenden als auch die Ausbilderstellenanteile dezentral. Die INN-Küche und der GastHof Grün waren die ersten Abteilungen, die auch ausbildeten.

2009 wurde der zweite CAP Lebensmittelmarkt der gpe in Jugenheim eröffnet. Damit verbunden war die Entscheidung, Werkstattbeschäftigten die Arbeit in diesem Integrationsbetrieb und dem bereits 2005 eröffneten Cap Markt in Weisenau systematisch und strukturiert zu ermöglichen. Bei dem Umzug des Integrationsbetriebes Natürlich, ein Biofachgeschäft, wurde

ebenfalls die Möglichkeit eröffnet, dass interessierte Werkstattbeschäftigte dort arbeiten können.

Der Cateringauftrag im Jahre 2009 für die IGS Anna Seghers, einer Schwerpunktschule in Mainz, hatte zur Folge, dass Werkstattbeschäftigte nun bei der Mittagessens-Ausgabe in der Schule mitarbeiten. 2011 kam der Cateringauftrag für die Förderschule Astrid Lindgren mit Vor-Ort-Ausgabe hinzu.

Im November 2011 eröffnete die gpe das Café Forster im Mainzer Naturhistorischen Museum mit dem Ziel, Budgetarbeitsplätze für Werkstattbeschäftigte anzubieten. Mehrere Werkstattbeschäftigte des ServiceCenters nutzen diese Gelegenheit. Der erste Vertrag für das Budget für Arbeit wurde am 1. August 2012 abgeschlossen.

Wie wird das alles organisiert

Aus der kleinteiligen und räumlich stark verteilten Aufgliederung der Projekte ist eine Fülle von organisatorischen Veränderungen und Anpassungen entstanden. Alle wichtigen Informationen der Werkstatt finden sich im Intranet, für jeden Fachanleiter in jedem Standort zugänglich. Dort werden zum Beispiel Rahmenpläne für den Berufsbildungsbereich, das Hygiene-Konzept HAACCP und Formularvorlagen für die Küchen, Protokolle des Fachausschusses etc. abgelegt. Das Auffinden der Informationen wird von einem werkstatteigenen Handbuch mit verlinktem Inhaltsverzeichnis erleichtert.

Die Dokumentation der pädagogischen Arbeit erfolgt ausschließlich in einem elektronischen Dokumentationssystem, es gibt seit fünf Jahren keine Sozialdienstakten in Papierform mehr.

Ein gewichtiger Anteil der Kommunikation erfolgt über E-Mail mit allen damit verbundenen Vor- und Nachteilen.

Die pädagogischen und technischen Bereichsleitungen sind jeweils für Abteilungen an verschiedenen Standorten zuständig und pendeln zwischen diesen. Dies setzt einerseits eine hohe Flexibilität und Mobilität der Leitungen voraus, andererseits aber auch eine hohe Eigenverantwortlichkeit der Fachanleiter und der Standortleitungen vor Ort. In den Schichtbetrieben ist dieser Verantwortungsrahmen noch weiter ausgeprägt, da hier auch die Krisenintervention zu einem guten Teil selbstständig erfolgen muss.

Auch der Werkstattrat ist unterwegs zwischen den Standorten und ebenfalls dezentral organisiert. Darüber hinaus gibt es ein monatliches Treffen der Vertreter aller Abteilungen, damit wichtige Informationen und Anliegen direkt zwischen den Werkstattbeschäftigten, dem Werkstattrat und der Werkstattleitung transportiert werden können.

Was heute zählt

Kardorff und Ohlbrecht skizzieren in ihrem Artikel: »Die Bedeutung der Arbeit für psychisch kranke Menschen im gesellschaftlichen Wandel – soziologische Anmerkungen zur beruflichen Rehabilitation« von 2006 einige aus ihrer Sicht bedeutsame Entwicklungen. Für die generelle Entwicklungstendenz hin zur Dienstleistungs- und Wissensgesellschaft stellen sie fest, dass diese zu einem grundlegenden Wandel der Anforderungen an Leistungsbereitschaft, Flexibilität, Selbstverantwortung und Selbstständigkeit der Arbeitnehmer führt. Besonders hervorzuheben sind die gestiegenen intellektuellen und sozialkommunikativen Anforderungen. Weiterhin bewirkt der Strukturwandel, dass die Arbeitnehmer immer weniger nach konkreten Vorgaben und Anweisungen arbeiten, sondern vielmehr bei nur noch geringen Handlungsvorgaben ihre Arbeit selbst steuern.

Diese Entwicklung führt aus Arbeitgebersicht zu neuen Schlüsselqualifikationen: Sozial-kommunikative Kompetenz, Leistungsbereitschaft, Belastungsfähigkeit, Verantwortungsübernahme, Anpassungsfähigkeit, Selbstständigkeit, Flexibilität, Bereitschaft zur Mobilität, Fähigkeit zur komplexen Informationsverarbeitung, Offenheit für Neues, Lebenslanges Lernen und Handhabung der neuen Informationstechnologie.

In Ansätzen lassen sich diese Änderungen der Anforderungen bei den dezentralen Werkstattabteilungen im Dienstleistungsbereich wiederfinden. In verstärktem Maße bei den Fachkräften für Arbeits- und Berufsförderung, in abgeschwächter Form und nicht in allen Punkten auch bei den Werkstattbeschäftigten.

Ein Blick in die erstellten Rahmenpläne zeigt zum Beispiel für den Gast-Hof Grün – Rahmenplan Service – folgende Lernziele im sozial-kommunikativen Bereich: »Erwartungen von Gästen hinsichtlich Beratung, Betreuung und Dienstleistung ermitteln können«, oder »Auswirkungen des persönlichen Erscheinungsbildes auf die Gäste erkennen« oder »Aufgaben im Team bearbeiten und abstimmen« oder aber »Umgang mit Sonderwünschen erlernen«. Lernziele im Bereich der Verantwortungsübernahme lauten beispielsweise: »Frühstücksbuffet abbauen unter Beachtung der Hygienevorschriften« oder »Verkaufsfähigkeit von Produkten prüfen können«.

Nicht zufällig wirkten die Anforderungen an die gesamte Belegschaft in diesen Abteilungen an der Idee mit, eine werkstattspezifische Stufe der Qualifizierung im hauswirtschaftlichen Bereich zu entwickeln. Dies ist in den letzten beiden Jahren während der Teilnahme an einem rheinland-pfälzischen Bildungs- und Managementprozess gelungen. Gemeinsam mit zwei anderen Werkstätten und der Aufsichts- und Dienstleistungsdirektion Rheinland-Pfalz haben wir Qualifizierungsbausteine nach dem Deutschen Qualifizierungsrahmen (DQR) entwickelt. Damit haben unsere Werkstattbeschäftigten nach bestandener Prüfung ein auf dem ersten Arbeitsmarkt verwertbares Zertifikat einer Kammer in der Hand.

Dabei umfassen die Prüfung und das daraufhin ausgestellte Zertifikat die ersten drei Niveaustufen des DQR. In Niveaustufe drei werden die Fachpraktiker der Hauswirtschaft angesiedelt. Damit wird unseren Werkstattbeschäftigten ein Teil der Fachpraktikerprüfung zertifiziert.

Mitten drin im Sozialraum

Der Deutsche Verein für öffentliche und private Fürsorge e.V. beschreibt im Dezember 2011 »Eckpunkte für einen inklusiven Sozialraum«. Er empfiehlt bei der Gestaltung der Angebote eine Universalität anzustreben und damit offen zu sein für die Vielfalt und Vielschichtigkeit der Bedürfnisse der Nutzerinnen und Nutzer. Ein Angebot für Menschen mit Behinderung sollte deshalb möglichst so gestaltet sein, dass es nicht zu einem Ausschluss von Menschen bestimmter Altersgruppen oder kultureller Herkunft usw. kommt.

Weiterhin gilt es, die Verstärkung von Segregation (Absonderung einer bestimmten Bevölkerungsgruppe) zu vermeiden. Es sollen Angebote etabliert werden, in denen Menschen mit und ohne Unterstützungsbedarf zusammenkommen.

Die Entwicklung der letzten zehn Jahre bietet mittlerweile 40% der Werkstattbeschäftigten im ServiceCenter die alltägliche Chance zur Begegnung im Sozialraum in unterschiedlichster Weise.

In der Hotelküche ergeben sich die Begegnungen durch die Zusammenarbeit mit dem Hotelpersonal inklusive der Integrationsmitarbeiter und der Auszubildenden und durch den Kontakt mit den Hotelgästen. Bedingt durch die Barrierefreiheit des Hotels zeichnet sich die Zusammensetzung der Gäste durch unterschiedliche Altersgruppen, Reiseanlässe, kulturelle Hintergründe und unterschiedlichen Unterstützungsbedarf aus.

In unserer Wäscherei entstehen Kontakte zu den Senioren im Haus, zu den Angehörigen, zu den Privatkunden der Wäscherei und zum Personal des Altenzentrums.

Die Arbeit in den Läden ist geprägt durch permanenten Kundenkontakt.

Im GastHof Grün arbeiten neben den Fachkräften Auszubildende und viele oft studentische Aushilfen. Dadurch zeichnet sich die Zusammensetzung der Belegschaft durch eine Bandbreite an Altersstufen, kultureller Herkunft, Bildungsniveau und Menschen mit und ohne Unterstützungsbedarf aus. Ebenso gehört direkte Dienstleistung für den Kunden, dem Gast, zum prägenden Element des Arbeitsalltages.

Neben den individuellen Kontakten von Person zu Person ist für einige der dezentralen Einheiten auch ein ständiger Kontakt von Organisation zu Organisation festzustellen. Die Werkstattabteilung Wäscherei begegnet dem Altenheim. Unterschiedliche Einrichtungsinteressen müssen im Alltag verhandelt und austariert werden (Schließungszeiten versus kontinuierlicher Versorgung oder auffälliges Verhalten eines Werkstattbeschäftigen in der akuten Psychose versus klar überschaubarer Alltag für die Senioren). Der GastHof Grün ist ein Teil der Mietergemeinschaft des Grünen Hofes und nimmt an den Mieterversammlungen teil und ist dort mit zum Teil ganz anderen Interessen als den eigenen konfrontiert. Die Küche in der Rheinhessenstraße arbeitet eng mit den beiden Schulen zusammen und ist mit den Interessen der Schule, besonders bezüglich des Essens konfrontiert. Das Café Forster muss sein Interesse einer im Sommer offenen Eingangstür mit dem Naturhistorischen Museum abstimmen, deren Sammlung durch eindringende Insekten schwer geschädigt werden könnte.

Diese vielfältigen Begegnungen mit dem Anderen erfordern eine hohe Kompetenz von der kompletten Belegschaft. Immer wieder Distanz zu den eigenen Interessen aufzubauen und die Interessen der Anderen aus deren Blickwinkel sehen zu können, ist eine Eigenschaft, welche im beruflichen Alltag dieser Abteilungen deutlich mehr durch die vielen unterschiedlichen Begegnungen und Interessen gefordert ist – auch im beruflichen Alltag der Werkstattbeschäftigten. Insgesamt bewirken die erhöhten Anforderungen an die dargestellten Schlüsselqualifikationen, die Begegnungen, die Abwägung der unterschiedlichsten Interessen und die Dienstleistungsmentalität der sich zum großen Teil selbst steuernden Einheiten, dass ein anderer Charakter von Werkstattarbeit entstanden ist, der aus unserer Sicht wenig bis nichts mehr mit dem Charakter zu tun, der einem früher unwillkürlich bei dem Begriff »Sondereinrichtung« einfiel.

Werkstattarbeit kann also ganz anders sein, als tradierte Bilder vermuten lassen (wollen). Die dargestellten Abteilungen schaffen jedoch nicht nur ein bestimmtes Arbeitsumfeld für Menschen mit Behinderung, sondern sie stellen mit ihren Angeboten auch eine Bereicherung des jeweiligen Sozialraumes dar. Der Mittagstisch des Hotels wird von den Seniorinnen und Senioren des Viertels in Anspruch genommen. Der GastHof Grün ist Teil des Projektes Mehrgenerationenwohnen und bereichert mit seinem Café Bistro-Angebot – genauso wie das Café Forster im Naturhistorischen Museum – die jeweiligen Stadtteile. Die Wäscherei wäscht Privatwäsche für Draiser Bürger, und die Läden sichern die Lebensmittelversorgung vor Ort.

Die gpe-Einrichtungen und -Beschäftigten sind also mittlerweile nicht mehr wegzudenkende Bestandteile von lebendigen Sozialräumen.

Ausblick

Für zwei weitere Schritte auf dem dargestellten Entwicklungsweg finden gerade die Planungen statt. Im Frühjahr 2013 wird unsere Textilpflege aus einem unserer zwei großen Standorte ausziehen und in die gerade im Umbau befindlichen Räume in Ingelheim einziehen. Ein Jahr später wird die Küche Rheinhessenstraße ebenfalls ausziehen. Die IGS Anna Seghers wird zum großen Teil neu gebaut und in dem Verwaltungstrakt der Schule wird eine Küche für uns gebaut.

Literaturtipp:

Dieter Basener: Auf dem Weg zum Sozialunternehmen – Das Beispiel gpe: Wie Werkstätten ihr Angebot erweitern. Hamburg, 53 Grad Nord, 2011

Kurz gefasst

Name des Trägers: *gpe gGmbH*

Name der Werkstatt: *ServiceCenter*

Zielgruppe: *Menschen mit psychischer Behinderung*

Zahl der Beschäftigten: *240*

Kontaktdaten: *gpe GmbH | Galileo-Galilei-Str. 9a | 55129 Mainz | Tel. 06131/66 940-12 | Fax: 06131/66 940-15 | E-Mail: info@gpe-mainz.de | www.gpe -mainz.de |*

Kontaktperson und Autorin des Beitrags: *Regina Seibel-Schnell, Geschäftsbereichsleiterin*

Wir alle sind *eine* Firma –
Wie Beschäftigte sich ihre Werkstatt wünschen

Zu diesem Round-Table-Gespräch haben die Buch-Herausgeber drei Werkstattbeschäftigte mit unterschiedlichen Behinderungen eingeladen. Benedikt Klebel brachte als Assistenten seinen ehemaligen Gruppenleiter Helmut Baumgärtner mit. Das Gespräch fand im Oktober 2012 in der Stiftung Pfennigparade in München statt. Die Leitung hatte Dieter Basener.

| Esther Hoffmann | Guido Masny | Benedikt Klebel | Helmut Baumgärtner |

Dieter Basener: Dieses Gespräch hat zum Thema, wie Sie Ihre Werkstatt einschätzen und wie Sie sie sich wünschen. Beginnen wir aber damit, dass Sie sich bitte kurz vorstellen.

Guido Masny: Ich heiße Guido Masny und arbeite hier in München im iwentcasino. Das ist der Gastronomiebetrieb der IWL, der Isar-Würm-Lech-Werkstätten. Dort bin ich seit 2008 in der Verwaltung tätig.

D. Basener: Sind Sie auch Mitglied im Werkstattrat?

G. Masny: Ja, ich bin im Werkstattrat und auch Sprecher des Gesamtwerkstattrates der IWL.

Benedikt Klebel: Ich heiße Benedikt Klebel. Ich arbeite in der Lebenshilfe-

Werkstatt in Putzbrunn im Metallbereich. Dort bin ich zwei Tage in der Woche und an drei Tagen arbeite ich im Phönix-Bad in Ottobrunn.

D. Basener: Was machen Sie da?

B. Klebel: Ich helfe dort dem Bademeister. Da helfe ich mit, putze die Fenster, ziehe das Wasser ab, mache den Außenplatz sauber und solche Sachen.

D. Basener: Können Sie dort auch im Winter tätig sein?

B. Klebel: Ja, im Winter bin ich auch da. Da müssen wir Schnee räumen oder streuen.

Esther Hoffmann: Ich heiße Esther Hoffmann. Ich bin seit 2005 Zweite Vorsitzende im Werkstattrat der Stiftung Pfennigparade. Seit 2005 habe ich einen Außenarbeitsplatz bei den Netzwerkfrauen Bayern. Das ist eine Interessenvertretung von Frauen und Mädchen mit Behinderung für Frauen und Mädchen mit Behinderung, also peer to peer. In die Werkstatt gehe ich nur noch alle vierzehn Tage zu den Werkstattratsitzungen und dann vielleicht noch zu solchen Terminen wie heute.

D. Basener: Was sind Ihre Themen im Netzwerk?

E. Hoffmann: Mein Schwerpunkt liegt bei den Themen Sexualität und Behinderung und Kinderwunsch trotz Behinderung.

D. Basener: Vertreten Sie nur körperbehinderte Frauen oder auch Frauen mit anderen Behinderungen?

E. Hoffmann: Auch Frauen mit anderen Behinderungen, aber die größte Zahl sind körperbehinderte Frauen und auch Frauen mit Sinnesbehinderungen.

Was stört Sie an der Werkstatt?

D. Basener: Gehen wir gleich mitten in unser Thema. Meine erste Frage lautet: Gibt es etwas, was Sie an der Werkstatt gar nicht mögen, Herr Klebel?

B. Klebel: Auf den Vertreter des Werkstattrats hört bei uns keiner, das finde ich nicht gut.

D. Basener: Sie bemängeln also den Umgang miteinander. Gibt es sonst noch etwas, das Sie stört?

B. Klebel: Nein, sonst stört mich nichts.

D. Basener: Wie ist es bei Ihnen, Herr Masny?

G. Masny: Dadurch, dass wir verschiedene Standorte haben, ist es schwierig mit der Kommunikation. Was mich stört, mal abgesehen vom soeben genannten Punkt, im iwentcasino: Mittags gehe ich in die P-Werkstatt, also in die Psychisch-Behinderten-Werkstatt in der IWL in München, und da essen die Beschäftigten nicht gemeinsam mit dem Personal. Das Personal isst in einem eigenen Raum und das seit Jahr und Tag. Und da denke ich mir, das trägt nicht zum Inklusionsgedanken bei. Sie begründen das zwar immer damit, dass sie etwas zu besprechen hätten, aber bei uns im iwentcasino geht das ja auch tagtäglich anders.

D. Basener: Frau Hoffmann?

E. Hoffmann: Im Großen und Ganzen finde ich die Werkstatt hier sehr gut organisiert. Was mich stört, ist die Unterscheidung zwischen Werkstattbeschäftigten und Fachpersonal. Ich finde, wir sind alle Mitarbeiter eines großen Unternehmens. Das sollte man nicht noch einmal durch unterschiedliche Begriffe abstufen. Ich bin der Meinung, die Werkstatt sollte als ein ganz normaler Betrieb funktionieren, wo jeder seine Aufgabe hat und die Regeln für alle gleich sind.

D. Basener: Das Personal hat ja auch Betreuungsaufgaben, das unterscheidet eine Werkstatt von einem normalen Betrieb …

E. Hoffmann: Muss das wirklich einen Unterschied ausmachen? Bei uns gibt es neuerdings Case-Manager. Menschen, die für eine bestimmte Person sozialarbeiterische Tätigkeiten wahrnehmen. Warum kann es nicht so sein, dass wir, die Mitarbeiter ohne Arbeitsvertrag, auch geschult werden und solche Aufgaben für unsere Kollegen übernehmen können? Warum können wir nicht, zumindest teilweise, die Ausbildung zum Case-Manager durchlaufen?

D. Basener: Sie meinen, dass sozialarbeiterische Tätigkeiten auch in Form von peer counseling, wie das neudeutsch heißt, übernommen werden können?

E. Hoffmann: Genau. Als uns die Werkstattleiterin über das Case-Management-Projekt im Werkstattrat berichtet hat, habe ich sie gefragt: Kann denn ich oder jemand anders, der sich für das Thema interessiert, auch die Case-Manager-Rolle übernehmen? Und darauf hat sie gesagt, sie darf nur Sozialpädagogen einstellen, und ein Sozialpädagogik-Studium habe ich nun einmal nicht. Allerdings frage ich mich, ob man für jede Problemlösung tatsächlich ein Sozialpädagoge sein muss. Ich hatte ja die Ausbildung zum Peer Counselor gemacht, das heißt, ich berate als Betroffene andere Betroffene, und ich meine, das Case-Management wäre für mich eigentlich die richtige Tätigkeit.

D. Basener: Ein interessanter Gedanke, Sozialpädagogen in der Werkstatt durch Peer-Councelor zu ersetzen oder zu ergänzen, die von gleich zu gleich tätig sind und zum Beispiel Konflikte lösen. Zumindest für den Bereich der Streitschlichtung ist das ein Thema in unserem Buch *(s. Seite 107ff.)*, die Idee ist also nicht abwegig. Aber die Werkstattwelt ist anders organisiert, Peer-Counceling ist in der Regel nicht vorgesehen.

Arbeitsvielfalt und Anforderungen

D. Basener: Gehen wir die wichtigen Themen der Werkstatt einmal nacheinander durch und schauen, wie Sie sie einschätzen. Beginnen wir beim Thema Arbeit. Sind Sie mit den Arbeiten in Ihrer Werkstatt zufrieden? Üben Sie selbst eine Tätigkeit aus, die Ihrer Leistungsfähigkeit entspricht? Beginnen wir jetzt einmal mit Ihnen, Frau Hoffmann.

E. Hoffmann: Ich finde, in der Pfennigparade wird jeder im Großen und Ganzen so eingesetzt, dass er gut arbeiten kann, wobei ich persönlich ja nicht in die Arbeitsprozesse der Werkstatt eingebunden bin, weil ich einen Außenarbeitsplatz habe. Ich glaube, dass die meisten mit dem, was es hier zu tun gibt, zufrieden sind. Manchmal könnte es noch mehr Aufträge geben. Es gibt Phasen, wo wir nichts zu tun haben.

D. Basener: Wie ist es bei Ihnen, Herr Masny?

G. Masny: Bei der IWL gibt es eine Menge Möglichkeiten, was man tun kann. Das ist natürlich von Standort zu Standort unterschiedlich. Ich glaube, die meisten sind damit zufrieden. In den letzten Jahren hat es auch eine Entwicklung gegeben, dass Beschäftigte zunehmend Aufgaben übernehmen, die vielleicht früher eher die Zivildienstleistenden gemacht haben, zum Beispiel Ware auszuliefern oder den Gabelstapler zu fahren, Lagerarbeiten oder Verwaltungsarbeiten zu übernehmen. Es kommt auch vor, dass in der Produktion ein Beschäftigter einen anderen anleitet, zumindest in dem Bereich, wo so etwas Sinn macht.

D. Basener: Wie lange arbeiten Sie schon in der Werkstatt, welchen Zeitraum können Sie überschauen?

G. Masny: Ich habe im Jahr 2000 angefangen. Ich habe den Eindruck, in letzter Zeit werden uns mehr und mehr anspruchsvolle Aufgaben übertragen.

D. Basener: Wir kommen gleich zum Thema Eigenverantwortung und Zutrauen. Aber schon mal vielen Dank für diese Beobachtung. Bleiben wir beim Thema Vielfalt. Die Werkstatt kann ja nicht alle Berufe und Bereiche abdecken, die der freie Arbeitsmarkt bietet.

G. Masny: Ja, das ist manchmal schade, und schade ist auch, dass wir nicht ausbilden können. Selbst da, wo es den Bereich gibt, also zum Beispiel in der Gastronomie, ist die Ausbildung zur Küchenhilfe oder zum Koch bei uns nicht möglich.

D. Basener: Vielen Dank. Herr Klebel, glauben Sie, dass bei Ihnen jeder die Arbeit findet, die er gern machen möchte?

B. Klebel: Bei uns ist es so: Der Chef gibt uns unsere Arbeit und wir machen das. Wir haben verschiedene Sachen in der Werkstatt, Metall, Verpackung, und wir haben unter anderem die Wäscherei und die Küche. Ich glaube, das ist schon ganz gut.

D. Basener: Fühlen Sie sich persönlich manchmal unterfordert mit dem, was Sie machen?

B. Klebel: Ich bin froh, wenn ich was zu tun habe, und will meine Arbeit möglichst ordentlich machen. Ich muss immer mitdenken, was ich mache, weil das ja richtig sein soll und ich keine Fehler machen möchte.

Helmut Baumgärtner: Machst du eigentlich immer das Gleiche oder machst du unterschiedliche Arbeiten in der Werkstatt?

B. Klebel: Ich mache schon unterschiedliche Sachen. Wir machen nicht immer alle nur das Gleiche.

D. Basener: Sie haben ja zwei unterschiedliche Arbeitsplätze, nicht nur den in der Werkstatt, sondern auch den im Schwimmbad …

B. Klebel: Ja, da arbeite ich auch, an drei Tagen in der Woche. Das finde ich gut.

Eigenverantwortung

D. Basener: Kommen wir zum Thema Eigenverantwortung, das haben wir ja gerade schon gestreift. Herr Masny hat gesagt: Früher hat der Gruppenleiter die Arbeit verteilt und überprüft, ob alles richtig war. Heute geht es mehr in Richtung Teamwork. Sie, Herr Masny, arbeiten zum Beispiel in der Verwaltung.

G. Masny: Der Schlüssel von 1:12 lässt die totale Kontrolle gar nicht zu. Bei uns hat, glaube ich, jeder die Eigenverantwortung, die er tragen kann. Das ist ja bei jedem unterschiedlich. Wir fördern die Fähigkeiten, die jemand hat, und wir fordern natürlich, dass er das im Rahmen seiner Möglichkeiten auch umsetzt. Jeder macht das, was er kann, und er wird nicht bis in die letzte Kleinigkeit kontrolliert. Letzten Endes sind wir ein Team. Natürlich liegt die Hauptverantwortung beim Chef, also beim Gruppenleiter oder beim Küchenleiter. Zum Beispiel gibt es bei uns hier im Haus eine Patisserie und eine langjährige Kollegin backt Kuchen. Sie hat noch eine Kollegin, die ihr hilft. Die beiden machen es weitgehend eigenverantwortlich.

D. Basener: Das Beispiel, das Sie genannt haben, dass bei Ihnen Menschen mit Führerschein auch Ware ausfahren, das hätte es wahrscheinlich vor 10, 15 Jahren nicht gegeben …

G. Masny: Das ist wohl so. Früher, wenn man etwas aus dem Baumarkt holen musste, dann musste man mit öffentlichen Verkehrsmitteln fahren. Heute ist das kein großes Problem mehr. Man geht zum Betriebsarzt, der beurteilt die Fahrtüchtigkeit, und dann kann man eben auch Ware ausfahren oder etwas holen.

D. Basener: Herr Baumgärtner, sind Sie eigentlich der Gruppenleiter von Benedikt?

H. Baumgärtner: Ich war mal eine Zeit lang sein Gruppenleiter, aber jetzt bin ich es nicht mehr.

D. Basener: Dann können Sie, Herr Klebel, ja frei sprechen, wenn nicht Ihr Gruppenleiter neben Ihnen sitzt. Haben Sie das Gefühl, dass Ihr Gruppenleiter Ihnen etwas zutraut?

B. Klebel: Mein Gruppenleiter sagt mir, ich soll rausgehen, soll etwas tun oder ich soll etwas bohren und dann mache ich das.

D. Basener: Das heißt, Sie sind froh, wenn Sie Ihre Anleitung bekommen?

B. Klebel: Ja, der soll mir sagen, was ich zu tun habe.

D. Basener: Es ist wohl so, wie Herr Masny schon gesagt hat: Der eine mag es, eigenständig zu arbeiten, der andere findet es gut, wenn er eine klare Ansage bekommt. Wie ist es bei Ihnen, Frau Hoffmann?

E. Hoffmann: Ich bin ja nicht mehr in der Werkstatt tätig, außer für den Werkstattrat oder wenn ich eine Veranstaltung vorbereite. Aber im Großen und Ganzen wird uns Werkstattbeschäftigten schon viel Eigenverantwortung übertragen. Ich glaube, das hat sich in den letzten Jahren sehr verbessert. Wir müssen nicht immer für alles den Gruppenleiter fragen. Häufig wird eigenverantwortliches Arbeiten vorausgesetzt. Während ich in der Werkstatt bin, muss auch ich natürlich Absprachen mit den Gruppenleitern treffen.

D. Basener: Vielleicht hat das ja mit der Ausweitung der Personenkreise zu tun. Früher waren Werkstattmitarbeiter üblicherweise Menschen mit einer geistigen Behinderung. Menschen mit körperlichen oder psychischen Beeinträchtigungen kamen erst später dazu, von der Pfennigparade einmal abgesehen. Möglicherweise hat der Teamgedanke jetzt deshalb stärker Fuß gefasst.

E. Hoffmann: Ja, man schaut natürlich nach den Personenkreisen, aber generell auch nach den Fähigkeiten der Mitarbeiter. Das hat mich persönlich sehr überrascht. Für mich war es anfangs ein ganz schwieriger Schritt, in die Werkstatt zu gehen. Ich habe mich gefragt: Wofür hast du Schulen besucht, um dann schließlich doch in einer Werkstatt für Behinderte zu landen? Ich hatte dieses Bild von vor dreißig Jahren im Kopf: Werkstatt ist etwas für Leute, die gar nichts anderes tun können, die nur ein ganz niedriges Leistungsniveau haben. Ich habe mir immer gewünscht, in den sozialen Bereich zu gehen, habe aber die Voraussetzung, die Fachoberschule nicht zu Ende geschafft. Eine Ausbildung zum Beispiel zur Heilerzieherin war aufgrund meiner Körperbehinderung nicht möglich. Dann habe ich mich doch überwunden, in die Werkstatt zu gehen, und wurde positiv überrascht, denn hier war das von Anfang an anders, als ich es mit vorgestellt hatte.

D. Basener: Normaler?

E. Hoffmann: Sie versuchen, sich den normalen Betrieben anzugleichen. Es gibt schon mal Situationen, wo es nicht funktioniert, aber im Großen und Ganzen arbeiten wir doch schon ziemlich nah am Arbeitsmarkt.

D. Basener: An Ihrem Außenarbeitsplatz im Netzwerk haben Sie sicher viel Eigenverantwortlichkeit. Sie übernehmen Beratungstätigkeit und müssen sich das selber organisieren, oder?

E. Hoffmann: Im Netzwerk arbeite ich sehr eigenverantwortlich im Rahmen meiner Aufgabengebiete. Das Netzwerkbüro wird von einer Sozialpädagogin geleitet. Auch sie hat eine Behinderung. Im Netzwerk habe ich auch administrative Aufgaben. Meinen Urlaub sowie Krankheitstage muss ich mit meiner Gruppenleitung in der Pfennigparade abstimmen.

Förderung und Entwicklung

D. Basener: Kommen wir zum Thema Förderung und Entwicklung. Die Werkstatt hat einen Förderauftrag. Sie muss Förderpläne schreiben und darüber Rechenschaft ablegen. Was ist Ihre Meinung dazu, Frau Hoffmann?

E. Hoffmann: Ich finde, dass die Förderpläne abgeschafft werden sollten und daraus Mitarbeitergespräche werden müssen. Der Begriff Förderung stellt den Mangel, das Defizit in den Vordergrund und es muss doch darum gehen, Stärken weiterzuentwickeln.

D. Basener: Also auch hier eine stärkere Orientierung an normalen Betrieben, wo dieser Bereich Personalentwicklung heißt. Sie umfasst Mitarbeiterschulungen und Fortbildungen, die betrieblich notwendig sind oder die jemand für sein Weiterkommen braucht. Hat jemand damit Erfahrung?

G. Masny: Bis zu meinem sechsundzwanzigsten Lebensjahr habe im ersten Arbeitsmarkt gearbeitet, später im Rahmen eines Außenarbeitsplatzes der IWL bei der Firma HILTI Deutschland. Die haben dort auch eine Abteilung, die dazu da ist, den Mitarbeiter beruflich weiterzuentwickeln. Da geht es um Personalentwicklung. Der Gedanke ist: Die Mitarbeiter sind unser wichtigstes Kapital und sie sollen immer auf der Höhe der Zeit sein. Es geht also auch um Personalbindung. Wer interne Fortbildungen oder andere Schulungen macht, der wechselt nicht so leicht zu einem anderen Unternehmen.

D. Basener: Genau. Und die technische Entwicklung geht auch weiter und deswegen sind Schulungen notwendig. Das Unternehmen will ja marktfähig bleiben. Die Werkstatt hat einen anderen Auftrag, nämlich den der lebenslangen Persönlichkeitsförderung ihrer Beschäftigten.

E. Hoffmann: Ja, und deshalb heißt es in der Werkstatt ja auch nicht Personalentwicklung, sondern es heißt Förderung. Die Werkstatt erstellt Förderpläne und das finde ich nicht angemessen. Andere Behinderungsarten mag das vielleicht nicht so stören oder sie empfinden es nicht als so kränkend, aber ich bin der Meinung, auch hier sollte sich die Werkstatt so verhalten wie ein normaler Betrieb. Ich will keine Förderung, ich will etwas lernen, wenn ich es für mich selber nutzen kann oder wenn ich es für meine Arbeit brauche. Wenn ich meine Persönlichkeit weiterentwickeln will, dann leiste ich mir ein Coaching oder ich verändere meinen Bekanntenkreis. Aber das ist meine eigene Sache und hat nichts mit der Arbeitswelt zu tun. Ich glaube auch nicht, dass sich andere Werkstattbeschäftigte wirklich eine Persönlichkeitsförderung wünschen.

D. Basener: Herr Baumgärtner, wie heißt die Förderplanung bei Ihnen?

H. Baumgärtner: Bei uns sind das Entwicklungsplangespräche. Da müssen drei Förderziele angesprochen werden.

D. Basener: Herr Klebel, wissen Sie noch, wann Sie Ihr letztes Entwicklungsplangespräch hatten, und erinnern Sie sich noch an die Ziele, die dort aufgestellt wurden?

B. Klebel: *schweigt*

D. Basener: Mir kommt es manchmal auch so vor, als wäre die Förderplanung für die Werkstatt und für den Kostenträger wichtiger als für die Beschäftigten.

B. Klebel: Ich muss mich da nicht einmischen. Das geht nur unsere Chefs etwas an. Wir haben zwei Chefs, und die beiden müssen sich um so etwas kümmern. Die schreiben das auf Zettel.

H. Baumgärtner: Ich muss doch mal was dazu sagen. Benedikt, ich kann mich erinnern, als wir unser Entwicklungsplangespräch hatten, da habe ich dich gefragt, was du machen willst, und du wolltest draußen arbeiten. Das war dein eigenes Ziel und die Werkstatt hat mit dir zusammen versucht, das hinzukriegen. Das ist jetzt schon drei, vier Jahre her, aber das haben wir aufgegriffen, weil das dein Wunsch war, und wir haben dann mit dir Selbstfahren geübt. Das war ein Förderziel. Ein anderes war selbstständiges Arbeiten.

D. Basener: Förderplanung bietet ja tatsächlich die Chance zur Veränderung. Jeder kann eigene Ziele entwickeln, um das zu tun, was er selber möchte. Herr Klebel hat über diesen Weg offensichtlich ja seinen Außenarbeitsplatz gefunden. Aber vielleicht verbinden Sie das nicht mit dem schwierigen Begriff Entwicklungsplangespräch.

E. Hoffmann: Vielleicht sollte man es dann auch nicht so nennen, sondern Mitarbeitergespräch. Die Werkstätten müssten sich von ihrem Denken und ihren Begrifflichkeiten von vor dreißig, vierzig Jahren lösen.

D. Basener: Noch ist die Persönlichkeitsförderung in den Aufgaben der Werkstatt festgeschrieben. Da steht nicht drin, die Werkstatt sollte so funktionieren wie ein normaler Betrieb.

E. Hoffmann: Dann muss sich die Gesetzgebung eben ändern. Das Ziel ist doch, dass die Werkstatt inklusiv werden soll, und dann muss sich die Gesetzgebung eben auch anpassen.

D. Basener: Was müsste denn da stehen?

E. Hoffmann: Der Kostenträger darf nicht mehr verlangen, dass die Werkstatt Förderpläne erstellt und davon vielleicht auch noch die Bezahlung abhängig macht. Vieles liegt an den Kostenträgern und oft können die Einrichtungen gar nichts dafür.

Gleichwertigkeit

D. Basener: Unser nächstes Thema ist das Verhältnis von Personal und Beschäftigten in der Werkstatt. Empfinden Sie sich als gleichwertig oder haben Sie das Gefühl, dass es in Ihrer Werkstatt Statusunterschiede gibt?

G. Masny: In meinem Arbeitsalltag habe ich nicht das Gefühl von großen Unterschieden. Natürlich gibt der eine den Auftrag und der andere führt ihn aus, aber das ist ja in jedem Betrieb so. Aber es interessiert auch, welche Meinung man dazu hat. Man kann auch mal widersprechen. Jeder kann seine Meinung äußern.

D. Basener: Ein Gradmesser könnte ja sein, ob es Freundschaften zwischen Beschäftigten und Personal gibt, die über den Arbeitsalltag hinaus gehen, so wie das in jedem Betrieb üblich ist.

G. Masny: Das kommt selten vor, wahrscheinlich überhaupt nicht. Da bleiben die Gruppen unter sich.

E. Hoffmann: Noch klarer wird es ja bei Beziehungen. In normalen Betrieben ist die Firma auch ein Heiratsmarkt, weil man ja viel Zeit miteinander verbringt. Beziehungen zwischen Werkstattbeschäftigten und Personal sind aber ein Tabu. Wir sind ja nun alle Mitarbeiter eines Unternehmens und man kann sich auch verlieben oder man kann vielleicht auch nur befreundet sein mit einem Angestellten mit Arbeitsvertrag. Und das ist nicht erwünscht. Ich persönlich kann das nicht gutheißen.

D. Basener: Sexuelle Beziehungen sind möglicherweise ein juristisches Problem wegen des Abhängigkeitsverhältnisses. Das kennt man von der Schule, wo Lehrerinnen und Lehrer mit ihren Schülerinnen und Schülern auch kein sexuelles Verhältnis eingehen dürfen.

E. Hoffmann: Wie ist es denn in einem normalen Betrieb? Da gehen der Chef und seine Sekretärin ein Verhältnis ein und da fragt auch keiner danach. Das ist vielleicht nicht gern gesehen, aber in der letzten Konsequenz kräht doch kein Hahn danach. Der Chef kommt sicher nicht vor den Kadi.

H. Baumgärtner: Also, ich sehe es auch von der rechtlichen Seite und man darf sicher auch die Unterschiede bei den Behinderungsarten nicht vergessen. Vielleicht ist es Zufall, dass hier gerade drei Personen mit unterschiedlichen Behinderungen sind.

D. Basener: Nein, Zufall ist das nicht, wir haben Sie bewusst so eingeladen.

H. Baumgärtner: Personen, die sich nicht so leicht wehren können, muss man vor Übergriffen schützen, und man muss da klare Regeln haben. Man muss auch die Gruppenleiterin oder den Gruppenleiter schützen.

Das finde ich gut, dass das klar ist und dass der Gesetzgeber das nicht zulässt.

D. Basener: Das Gesetz sagt, dass niemand sich ein Abhängigkeitsverhältnis zunutze machen darf, um jemanden sexuell auszubeuten.

E. Hoffmann: Da gebe ich Ihnen recht. Abhängigkeit darf in keiner Beziehung entstehen, sexuelle Übergriffe dürfen nicht passieren, auch nicht zwischen zwei Werkstattbeschäftigten. Aber wenn beide Seiten einverstanden sind und das wollen, wer hat dann das Recht, das zu verbieten? Vielleicht muss man auch die Behinderungsarten unterscheiden, aber man darf es nicht generalisieren. Und wenn man es unter dem Aspekt der Inklusion betrachtet, dann müsste es zumindest da, wo kein unmittelbares Abhängigkeitsverhältnis vorliegt, auch möglich sein, dass Menschen mit und ohne Behinderung ein Verhältnis miteinander haben können. Wenn wir, die wir eng miteinander arbeiten, Tabus aufbauen, wie sollen dann andere Menschen uns akzeptieren. Und ich meine auch, dass man zwischen Behinderungsarten keine Abstufungen machen darf.

D. Basener: Mir kommt es so vor, als würden wir über etwas Theoretisches diskutieren. Wer als Angestellter in einer Werkstatt arbeitet, kommt wahrscheinlich gar nicht auf die Idee, ein Verhältnis mit einem Beschäftigten einzugehen. Das Tabu hat jeder vollständig verinnerlicht. Aber die Ausgangsfrage betraf ja die gemeinsame Freizeitgestaltung. Und da haben wir schon festgestellt, dass auch das für die meisten Angestellten kein Thema ist.

G. Masny: Wir fahren einmal im Jahr eine Woche gemeinsam mit unserer Gruppe in Urlaub. Da sind wir fünf Tage unterwegs und machen in der Zeit tatsächlich alles gemeinsam. Das ist immer sehr schön.

D. Basener: Aber das ist für die Angestellten Dienstzeit. Ich kenn das auch: Das ist immer eine gute Erfahrung. Man lernt sich besser kennen und das schweißt auch im Arbeitsalltag mehr zusammen. Trotzdem: Werkstattangestellte zählen Werkstattbeschäftigte fast nie zu ihrem Freundeskreis.

G. Masny: Nein, das habe ich auch noch nicht erlebt.

E. Hoffmann: Bei uns in der Pfennigparade kommt das gelegentlich schon vor, aber nicht bei Gruppenleitern, sondern eher bei Gruppenhelfern oder bei Menschen, die einem bei der täglichen Pflege behilflich sind. Bei Gruppenleitern ist das extrem selten. Wenn ich mir Facebook anschaue, sind manche Gruppenleiter dort mit Beschäftigten »befreundet«, wie das bei Facebook eben so leicht geht, und manche eben auch nicht. Das hat aber nichts mit dem Status zu tun. Hier sind es Vorlieben, ob man mit einem Kollegen befreundet sein möchte oder nicht. Ich glaube, dass es immer noch sehr schwierig ist, an dieser Stelle den Inklusionsgedanken zu verwirklichen.

D. Basener: Herr Klebel, würden Sie gern zusammen mit Ihren Gruppenleitern oder mit jemand anderem vom Personal in der Freizeit etwas unternehmen?

B. Klebel: Ja, zum Beispiel mit meinem Gruppenleiter oder mit meinen anderen Chefs mal ein Bier trinken gehen.

D. Basener: Passiert das, haben Sie zum Beispiel mit Helmut zusammen mal ein Bier getrunken?

B. Klebel: Nein, aber das kann ja noch kommen.

H. Baumgärtner: Wenn wir mit der Fußballmannschaft zusammen wegfahren, zum Beispiel zu den Special Olympics oder so, dann schon. Ich glaube nicht, dass ich in großem Stil mit Beschäftigten befreundet wäre, aber das ist ja auch nicht anders als beim Personal. Da gehe ich ja auch nicht mit jedem weg.

D. Basener: Stimmt. Aber auffällig ist, dass dies hier nie geschieht.

H. Baumgärtner: Mit behinderten Beschäftigten war das über lange Zeit auch gar nicht erlaubt, sich mit, wie das hieß, Schutzbefohlenen in der Freizeit zu treffen, und das hat man natürlich auch akzeptiert.

E. Hoffmann: Das Problem kenne ich auch. Ich habe eine Freundin, die war früher mal eine Sozialarbeiterin, als ich noch zur Schule ging, und sie hat mir klar gesagt: Wir können uns im Freizeitbereich nicht treffen, bevor du nicht die Schule verlassen hast, sonst fühlen sich andere Schüler benachteiligt.

G. Masny: Ich habe das mal andersrum erlebt. Ich habe in der IWL-Werkstatt München angefangen und habe dort dann festgestellt, dass die Ehefrau von einem Freund von mir dort als Sozialpädagogin arbeitet.

D. Basener: Und was passierte?

G. Masny: Wir haben versucht, Arbeit und Privates zu trennen.

D. Basener: Fühlten Sie sich von ihr als Sozialpädagogin plötzlich mit anderen Augen betrachtet?

G. Masny: Ich weiß, dass das für mich schwierig war, vielleicht so, als hätte sie plötzlich einen Makel entdeckt. Sie hat mich so zu behandeln versucht wie jeden anderen auch, so getan, als wenn sie mich privat nicht oder kaum kennen würde. Glücklich war ich mit der Situation nicht. Sie ist dann nach einem Jahr weggegangen, da war ich froh. In der Werkstatt habe ich erst danach offengelegt, dass wir uns kannten, und die fanden es schließlich auch nicht gut, wie es gelaufen ist. Aber das ist natürlich auch schwierig. Was soll man tun? Sagt man so etwas, wenn man neu in der Werkstatt ist?

D. Basener: Bemerkenswert finde ich daran, dass der professionelle Umgang in Werkstätten und der Umgang im Alltagsleben offenbar auseinanderklaffen. Der Umgang in der Werkstatt entspricht einer pädagogischen oder therapeutischen Situation. Gleiche Augenhöhe ist in dieser Rollenverteilung wahrscheinlich eine Illusion. Wir müssen uns fragen, ob echte Inklusion unter solchen Bedingungen überhaupt möglich ist.

Information und Mitbestimmung

D. Basener: Kommen wir auf ein anderes Thema: Informiert werden und mitbestimmen. Wie ist es bei Ihnen: Was interessiert Sie an Ihrer Werkstatt? Fühlen Sie sich ausreichend informiert? Haben Sie Einflussmöglichkeiten?

E. Hoffmann: Der Werkstattrat hat ja nur das Recht, informiert zu werden. Der Betriebsrat hat mehr Rechte, er hat auch ein Mitwirkungsrecht. Das, meine ich, muss sich ändern. Der Werkstattrat muss dieselben Rechte haben wie ein Betriebsrat.

D. Basener: Wird denn Ihrer Meinung nach der Betriebrat besser informiert als der Werkstattrat?

E. Hoffmann: Der Betriebsrat ist meiner Ansicht nach generell besser gestellt.

D. Basener: Wenn man Ihrer Auffassung folgt, dass in der Werkstatt alle Beschäftigten Mitarbeiter sind, die sich nur dadurch unterscheiden, ob sie einen Arbeitsvertrag haben oder nicht, bräuchte man da vielleicht nur ein gemeinsames Mitarbeitergremium, nämlich den Betriebsrat?

E. Hoffmann: Da haben Sie recht. Wenn es jemals so weit kommt, dass man von einer inklusiven Werkstatt sprechen kann, dann müsste man den Werkstattrat auflösen und sich gemeinsam um die Betriebsratsposten bewerben und die Angestellten ohne Arbeitsvertrag müssten auch wahlberechtigt sein.

D. Basener: Gesetzlich sind die beiden Gruppen nicht gleichgestellt, das Personal hat Arbeitnehmerrechte und Arbeitnehmerpflichten, die Werkstattbeschäftigten ein arbeitnehmerähnliches Beschäftigungsverhältnis. Werkstattbeschäftigte sind bei der Mitwirkung zwar schlechter gestellt, aber sie haben ein Recht auf Arbeit und Ihnen kann nicht gekündigt werden.

E. Hoffmann: Wenn man von Inklusion redet, muss man vielleicht als behinderter Mensch auch auf einen Teil dieser Privilegien verzichten, zumindest auf das, was die üblichen Arbeitnehmerschutzrechte für Behinderte übersteigt, und dafür wäre man dann gleichberechtigt und arbeitete inklusiv.

D. Basener: Dann hätten Sie aber auch keinen Rechtsanspruch mehr auf einen Werkstattarbeitsplatz.

E. Hoffmann: Mir ist in vielen Belangen die Kluft zwischen behinderten und nicht behinderten Menschen zu groß. Behinderte können selbstverständlich den öffentlichen Nahverkehr nutzen, Hartz IV-Empfänger, die auch wenig Geld haben, können das nicht. Da müsste man einheitlichere und gerechtere Lösungen finden, einseitige Bevorteilung kann auch eine Form verkappter Diskriminierung sein.

D. Basener: Würden Sie denn auf diese Privilegien verzichten wollen?

E. Hoffmann: Ja, würde ich. Ich würde verzichten, um gleichgestellt zu werden.

G. Masny: Auch bei Werkstatträten ist die Rechtssituation nicht einheitlich. Bei kirchlichen Trägern haben beispielsweise die Werkstatträte zum Teil Mitbestimmungsrechte, bei den freien Trägern nicht. Für mich wäre das auch wichtig, dass man es gleichstellt.

D. Basener: Wie finden Sie die Idee, nur noch ein Vertretungsgremium in der Werkstatt zu haben, den Werkstattrat aufzulösen und alle einen gemeinsamen Betriebsrat wählen zu lassen?

G. Masny: Ich halte das für schwierig. Dann müsste ich mich als Werkstattrat auch um das Tarifrecht kümmern. Das sind teilweise sehr komplexe Dinge, und ich weiß nicht, ob ich dem wirklich gewachsen wäre.

D. Basener: Mal abgesehen von den Gremien: Fühlen Sie sich als Werkstattbeschäftigte von Ihrer Geschäftsleitung gut informiert, reicht Ihnen das, was Sie an Information bekommen, aus oder ist Ihnen das zu wenig?

G. Masny: Ich finde, wir sind da gut informiert.

E. Hoffmann: Manchmal müssen wir unser Recht noch einfordern und sagen, da sind wir jetzt schlecht informiert worden. Aber im Großen und Ganzen ist es okay. Wir treffen uns alle drei Monate mit der Geschäftsleitung und bei diesen Terminen wird alles Wichtige besprochen.

D. Basener: Herr Klebel, wie ist es bei Ihnen?

H. Baumgärtner: Wir haben Gruppengespräche und da informieren wir darüber, was in der Werkstatt passiert.

D. Basener: Haben Sie denn regelmäßig Gruppengespräche in ihrer Arbeitsgruppe, Herr Klebel?

B. Klebel: Ja, das haben wir. Wir machen das immer am Donnerstag nach der Mittagspause.

D. Basener: Was wird da besprochen?

B. Klebel: Ausflüge, und wir sprechen über unsere Arbeit, wir planen unsere Feste und wir feiern Geburtstag.

D. Basener: Wenn Sie etwas stört, wo sprechen Sie das an? Gehen Sie damit zum Werkstattrat, sagen Sie es beim Gruppengespräch oder gehen Sie zum Gruppenleiter?

B. Klebel: Ich spreche mit meinem Werkstattrat und dann sprechen wir das beide beim Gruppengespräch an.

D. Basener: Ich glaube, für viele Werkstattbeschäftigte ist die Gruppe wichtiger als die Unternehmensebene. Der Gruppenleiter muss seinen Gruppenmitgliedern Mitwirkungsrechte einräumen.

Entlohnung und Selbstwert

D. Basener: Kommen wir zu unserem nächsten Thema, zur Entlohnung. Beim Thema Lohn unterscheiden sich Werkstätten nun eindeutig von der freien Wirtschaft. Was bekommen Sie ausbezahlt, Herr Masny?

G. Masny: Bei mir liegt das bei über 350 Euro, aber das ist bei der IWL schon die Ausnahme.

D. Basener: Für eine Vollzeittätigkeit würde dafür in der freien Wirtschaft sicher niemand arbeiten wollen. Was verdienen Sie, Herr Klebel?

B. Klebel: Helmut, sag du!

H. Baumgärtner: Sein Werkstattlohn liegt bei 230 Euro, und weil er auf einem Außenarbeitsplatz arbeitet, bekommt er noch eine zusätzliche Prämie.

B. Klebel: Aber da muss ich auch mein Mittagessen selber zahlen.

D. Basener: Das ist, glaube ich, noch eine wichtiger Aspekt. Es gibt ja weitere Vergünstigungen in der Werkstatt, die man auch berücksichtigen muss, zum Beispiel die freie Mahlzeit, den Fahrdienst oder die Fahrkarte für den öffentlichen Nahverkehr und die Rentenzahlungen. Wenn man das mal alles zusammenzählt, ist das deutlich mehr als die durchschnittlich 200 Euro. Aber jeder schaut natürlich zuerst darauf, was er jeden Monat aufs Konto überwiesen bekommt. Da geht es Ihnen nicht anders als anderen Arbeitnehmern. Was bekommen Sie ausbezahlt, Frau Hoffmann?

E. Hoffmann: Ich bekomme 200 Euro, aber bei mir ist das vielleicht auch noch etwas anders. Solange wir kein eigenes Assistenz-Leistungsgesetz haben und ich auf 24 Stunden Assistenz angewiesen bin, bin ich voll und ganz mit meinem Lohn zufrieden, weil ich ja aufgrund der notwendigen Assistenzleistung nie aus der Sozialhilfe herauskäme und jeder höhere Verdienst gegengerechnet würde. Wenn man es unter dem Selbstwert-Gesichtspunkt betrachtet, dann ist das natürlich nicht schön, nur 200 Euro Lohn zu bekommen. Aber der hohe Assistenzbedarf ist einfach da und letzten Endes ist es egal, ob ich den von meinem Lohn bezahle oder er wird mir so zur Verfügung gestellt, unterm Strich bleibt es das Gleiche. Aber zugegeben, anderen Kollegen geht es da anders als mir.

D. Basener: Möglicherweise spielt die Höhe des Lohnes ja nicht nur für Sie eine Rolle, sondern auch für die Bevölkerung. Solange in der Werkstatt tatsächlich nur 200 oder 350 Euro gezahlt werden, ist jeder überzeugt, dass dort nur minderwertige Arbeit geleistet wird. Wer da arbeitet, der leistet einfach nicht mehr und verdient eben auch nicht mehr. Dass es auch anders geht, zeigt ein Blick in andere europäische Länder.

E. Hoffmann: Über die Außenwirkung habe ich mir noch gar keine Gedanken gemacht. Es kann natürlich sein, dass man mit einem höheren Lohn gleich auch ganz anders angesehen wird.

D. Basener: Es ist ja ein bisschen paradox. Wir haben das teuerste, möglicherweise auch beste Werkstattsystem der Welt, unsere Werkstätten aber ein vergleichsweise schlechtes Image. Herr Klebel, kommen Sie mit Ihren 200 Euro aus?

B. Klebel: Ja.

D. Basener: Darf ich fragen, wie Sie wohnen?

B. Klebel: Ich wohne bei meinen Eltern in Ottobrunn, das ist nicht weit von Putzbrunn entfernt.

D. Basener: Herr Masny, wie leben Sie?

G. Masny: Ich wohne in einer eigenen Wohnung.

D. Basener: Von Ihren 350 Euro können Sie sicher nicht Ihre Wohnung bezahlen und auch nicht Ihren Lebensunterhalt bestreiten?

G. Masny: Ich lebe überwiegend von der Erwerbsminderungsrente. Dadurch, dass ich ein paar Jahre gearbeitet habe, ist das nun auch nicht so schlecht und ich komme ganz gut zurecht.

D. Basener: Vom Werkstattlohn allein muss ja wahrscheinlich auch niemand leben, niemand leidet Hunger, jeder hat ein Dach über dem Kopf und jeder hat etwas anzuziehen. Was am Selbstwertgefühl nagt, ist wahrscheinlich eher das schlechte Verhältnis von erbrachter Leistung am Arbeitsplatz und dem dafür gezahlten Stundenlohn.

G. Masny: Ich sage immer, das ist eher ein Anerkennungsbetrag.

D. Basener: Ist das kränkend für Sie? Sie haben ja draußen gearbeitet und entsprechend verdient. Jetzt arbeiten Sie in der Werkstatt und bekommen eben diesen Symbolbetrag.

G. Masny: Da ich davon nicht meinen Lebensunterhalt bestreiten muss, ist es mir nicht so wichtig. Mir ist die Arbeit wichtiger als das, was ich dafür bekomme. Wenn Bekannte oder Familienmitglieder sagen, das ist doch toll, was du machst, du hast dich wieder gefangen, hast eine verantwortungsvolle Aufgabe, dann ist das für mich mehr wert als irgendein Geldbetrag.

D. Basener: Gilt das für alle Beschäftigten in Ihrer Werkstatt?

G. Masny: Natürlich sind manche auch unzufrieden. Die einen leben von Sozialhilfe, die anderen von Erwerbsminderungsrente. Wer Sozialhilfe bekommt, ist meistens schlechter gestellt. Wenn der mehr verdient, weil er mehr leistet, dann hat er nichts davon, weil ihm das wieder abgezogen wird. Wer Erwerbsminderungsrente bekommt, für den gilt das nicht. Der hat dann effektiv vielleicht fünfzig Euro mehr in Tasche. Das finde ich ungerecht.

Übergang in den Arbeitsmarkt

D. Basener: Unser vorletztes Stichwort heißt Übergang in den Arbeitsmarkt. Herr Klebel, Sie arbeiten mit einem Teil Ihrer Arbeitszeit außerhalb der Werkstatt. Das war Ihr Ziel und jetzt haben Sie das erreicht. Wie gefällt Ihnen das jetzt?

B. Klebel: Da ist es schön und da ist es auch ruhig. Ich habe vorher schon zwei Mitarbeiter gekannt, die mit mir bei der Feuerwehr sind, und jetzt arbeite ich schon eineinhalb Jahre da und inzwischen kenne ich alle.

D. Basener: Haben Sie auch Kontakt zu den Besuchern?

B. Klebel: Manchmal fragen mich die Leute was. Einer musste zum Beispiel mal schnell zum Klo und hat mich gefragt, wo das ist, und dann habe ich ihm das gezeigt. Das ist nämlich jetzt alles anders, weil wir umgebaut haben.

D. Basener: Wo gefällt es Ihnen besser, in der Werkstatt oder im Schwimmbad?

B. Klebel: Im Schwimmbad. Das ist ja meine Heimat in Ottobrunn und ich bin wirklich froh darüber, dass ich dort arbeiten kann.

D. Basener: Was gefällt Ihnen dort besser?

B. Klebel: Die Arbeit und dann kriege ich auch mehr Geld.

D. Basener: Warum arbeiten Sie dann nicht nur im Schwimmbad?

B. Klebel: Ich bin da gern und die brauchen mich, am liebsten würde ich nur da sein. Aber ich habe auch noch Kameraden in der Werkstatt und wenn ich die nicht mehr sehe, dann fehlt mir das. Dann habe ich nur noch meine Kontakte zum Schwimmbad und das ist auch nicht schön.

D. Basener: Frau Hoffmann, Sie haben auch einen Werkstattaußenarbeitsplatz auf dem ersten Arbeitsmarkt. Wie funktioniert in der Pfennigparade der Zugang zum Arbeitsmarkt?

E. Hoffmann: In den Werkstätten haben Werkstattbeschäftigte die Möglichkeit, Qualifizierungsbausteine in unterschiedlichen Berufsfeldern zu absolvieren. Diese werden dann auch von der Industrie und Handelskammer zertifiziert. Das Besondere in der Stiftung Pfennigparade ist außerdem, dass wir sowohl eine klassische Werkstatt, aber auch die besondere Werkstatt sind. In der besonderen Werkstatt haben die Mitarbeiter, die eine Behinderung haben, einen Arbeitsvertrag. Dies gilt aber bisher nur für den PSG Programmierservice. Ich war in einem Qualifizierungsprojekt vom Bezirk Oberbayern und es ging schon darum, ob die mich fest anstellen. Ich habe mich aber dagegen entschieden. Die Frage war, wo ich mich finanziell besser stehe, und wenn man alle Leistungen zusammenrechnet, dann stehe ich finanziell besser da, wenn ich unterm Dach der Werkstatt bleibe. Für mich persönlich ist die Kombination Werkstattarbeitsplatz und Tätigkeit im Arbeitsmarkt sehr gut. Ich bin ja auch noch Mitglied des Werkstattrats und das ist genau das, was ich möchte. Da ist der Selbstbestimmt-Leben-Gedanke erfüllt.

D. Basener: Ihre ursprüngliche Lebensplanung war ja eine andere. Sie wollten Sozialpädagogin werden und wenn sich das bewahrheitet hätte, dann wären Sie jetzt in einem ganz normalen Angestelltenverhältnis.

Davon sind Sie abgerückt und haben diesen Weg gewählt. Haben Sie Ihren ursprünglichen Wunsch damit ganz aufgegeben?

E. Hoffmann: Ich arbeite sehr nahe an dem, was ich mir immer vorgestellt habe. Ich wollte immer Menschen mit Behinderungen beraten. Es gibt ja unterschiedliche Wege, und ich bin froh, dass ich 2004 durch die Pfennigparade eine so gute Unterstützung erfahren habe. Aber es gehört auch viel Eigeninitiative dazu.

D. Basener: Herr Masny, Sie kommen aus dem ersten Arbeitsmarkt und haben in die Werkstatt gewechselt.

G. Masny: Na ja, so gradlinig war das nicht. Im ersten Jahr, als ich krank wurde, wollte ich überhaupt nicht in die Werkstatt. Ich kann mich noch gut erinnern: Als ich sie das erste Mal angeschaut habe, war ich ganz schockiert. Aber als ich dann aufgenommen wurde – man ist ja zuerst in der Eingangsgruppe, so nennt sich das bei uns –, da habe ich mich mit der Zeit wohlgefühlt. Aber es war ein ziemlicher Schritt.

D. Basener: In unserem Gespräch wollen wir ja herausfinden, was sich ändern soll. Wie könnte der Übergang in den Arbeitsmarkt noch besser gestaltet werden?

G. Masny: Allgemein formuliert fände ich es schön, wenn der Unterschied zwischen behindert sein und nicht behindert sein im Arbeitszusammenhang keine Rolle mehr spielte. Aber ich glaube, bis dahin ist es noch ein weiter Weg. Ich glaube, für den einen ist der geschützte Rahmen in einer Werkstatt das Richtige, für andere ist der Rahmen des allgemeinen Arbeitsmarkts das Passende.

D. Basener: Tut Ihre Werkstatt genug?

G. Masny: Ja, es gibt Praktika, davon machen viele Kollegen auch welche. Dann kann man sehen, wie stabil bin ich in einem anderen Umfeld. Aber ganz so häufig geschieht ein Wechsel auf den ersten Arbeitsmarkt dann doch nicht. Vielleicht müsste es da noch mehr Außenarbeitsplätze geben. Aber das muss sich auch erst einmal ergeben. Die Möglichkeiten sind grundsätzlich schon gut.

E. Hoffmann: Ich glaube, entscheidend ist, was die Person will. Wenn jemand im geschützten Rahmen arbeiten will, dann muss das okay sein. Er muss das nur selber entscheiden können und es muss natürlich weit gefächerte Angebote geben. Er muss die Möglichkeit haben, zu wechseln und auch das zu machen, was er gerne machen würde.

Das Ansehen der Werkstatt in der Bevölkerung

D. Basener: Unser letzter Punkt dreht sich um das Ansehen, das Werkstätten und Werkstattbeschäftigte in der Bevölkerung haben. Sagen Sie jemandem, der Sie nach Ihrem Beruf fragt, dass Sie in der Werkstatt arbeiten?

G. Masny: Normalerweise nicht. Ich sage, ich arbeite in der Gastronomie und dann fragt normalerweise auch keiner weiter nach. Dadurch, dass ich im iwentcasino beschäftigt bin, ist das relativ einfach. Wenn ich jemanden kennenlerne, wo ich das Gefühl habe, der hat Verständnis dafür, dann sage ich es schon, aber ich bin vorsichtig mit dieser Information.

D. Basener: Wie ist das bei Ihnen, Herr Klebel, sagen Sie, dass Sie in der Werkstatt arbeiten?

B. Klebel: Ja.

D. Basener: Für Sie ist das kein Problem?

B. Klebel: Nein.

D. Basener: Wie ist das für Sie, Frau Hoffmann?

E. Hoffmann: Ich sage, ich habe einen Außenarbeitsplatz der Stiftung Pfennigparade bei den Netzwerkfrauen Bayern.

D. Basener: Sie tun sich immer noch schwer mit Ihrer Werkstattzugehörigkeit?

E. Hoffmann: Ich tue mich sehr schwer. Selbst im Netzwerk ist es so, dass eine meiner Kolleginnen mir schon gesagt hat: »Am Anfang konnte ich mit dir nicht viel anfangen, weil du aus der Pfennigparade kommst.« Das ist schon heftig.

D. Basener: Wenn Sie so vorsichtig sind mit den Informationen, dann zeigt das, dass das Ansehen der Werkstätten in der Bevölkerung nicht gut ist. Wie kann man das ändern?

E. Hoffmann: Ein Weg könnte sein, dass mehr nicht behinderte Mitarbeiter in der Werkstatt arbeiten und dass die Entlohnung besser ist. Dann glaube ich, würde man automatisch höher angesehen.

D. Basener: Herr Klebel, würden Ihre Freunde Sie mehr mögen, wenn Sie nicht in der Werkstatt arbeiten würden?

B. Klebel: Ich arbeite ja schon drei Tage im Phönix-Bad und ich glaube, dass meine Kameraden aus der Werkstatt manchmal eifersüchtig sind, dass ich diese Möglichkeit habe.

H. Baumgärtner: Aber wenn du beim Burschenverein bist, glaubst du, das ist wichtig für deine Freunde dort, ob du in der Werkstatt arbeitest oder im Phönix-Bad oder ist denen das egal?

D. Basener: Burschenverein?

H. Baumgärtner: Das sind die Unverheirateten.

B. Klebel: Lass mich das sagen, Helmut, da kenne ich mich aus. Im Burschenverein sind Leute, die so wie ich noch keine Frau haben. Wenn jemand eine Frau hat, ist er Altbursch, dann kann er nicht mehr im Burschenverein sein, sondern wird automatisch zum Altburschen. Ich möchte meine Freundin nicht heiraten, denn ich möchte nicht zum Altbursch werden.

D. Basener: Finden die Burschen das gut, dass Sie im Phönix-Bad arbeiten?

B. Klebel: Ja, die sind stolz auf mich und meine Eltern auch.

D. Basener: Gibt es eigentlich noch mehr Menschen mit Behinderung im Burschenverein?

B. Klebel: Nein, ich bin der Einzige.

E. Hoffmann: Da fängt Inklusion an.

Was sollte sich ändern?

D. Basener: Noch einmal zusammenfassend: Wie wünschen Sie sich die Werkstatt, was sollte sich ändern? Herr Masny?

G. Masny: Also für mich wäre das Ziel, dass irgendwann nicht mehr unterschieden wird zwischen Behinderten und nicht Behinderten.

D. Basener: Herr Klebel, gibt es für Sie etwas, was sich ändern muss?

B. Klebel: Eigentlich muss sich nichts ändern. Ich bin froh und glücklich, ich habe meinen Weg gefunden und will, dass das so bleibt.

D. Basener: Frau Hoffmann?

E. Hoffmann: Eingliederungshilfe und Hilfe zur Pflege muss von der Sozialhilfe abgekoppelt werden. Es muss ein vom Vermögen unabhängiges Assistenzleistungsgesetz geben, das einen nicht zwingt, arm zu bleiben. Aber so lange das nicht so ist, bin ich mit der Situation, wie sie im Moment ist, auch zufrieden. Die Werkstatt sollte sich für nicht behinderte Menschen öffnen und die Statusunterschiede sollten wegfallen. Ich würde mir mehr Gleichheit wünschen. Vielleicht in dem Sinne, worüber wir gesprochen haben: Dass behinderte und nicht behinderte Menschen auch zusammen mal einen Kaffee und ein Bier trinken gehen können.

D. Basener: Dann bedanke ich mich bei Ihnen für die lebhafte Diskussion.

Dieter Basener

Hamburger Arbeitsassistenz

Das Original der
Unterstützten Beschäftigung

Im Gespräch

ISBN 978-3-9812235-3-8
192 Seiten / 19,80 Euro

Im Jahre 1993 übernahm die Hamburger Arbeitsassistenz aus den
USA das Konzept des »Supported Employment« und entwickelte es
systematisch weiter.
Seither verhalf sie mehr als zwanzig Prozent der Werkstattberechtigten
mit Lernschwierigkeiten in Hamburg zu einer Arbeit in Betrieben des
ersten Arbeitsmarktes. Über 700 Personen fanden eine Tätigkeit in
Supermärkten, Altenheimen, Tankstellen und in vielen anderen
Arbeitsfeldern.
Dieser bundesweit einmalige Erfolg ermutigte den Gesetzgeber, die
neue Maßnahmeform »Unterstützte Beschäftigung« zu entwickeln.
Das Vorgehen der Hamburger Arbeitsassistenz diente dabei als Vorbild
für das flächendeckende neue Angebot.
In Gesprächen und lebendigen Praxisberichten zeichnet dieses Buch
die Erfahrungen des ersten Fachdienstes für »Unterstützte
Beschäftigung« nach und macht sie so auch für andere Dienste nutzbar.
Fazit: Sehr zur Nachahmung empfohlen!

**Bestellungen und weitere Informationen zu unserem Verlagsprogramm
und Medienversand unter www.53grad-nord.com**

Dieter Basener

Auf dem Weg zum Sozialunternehmen

Das Beispiel gpe Mainz:
Wie Werkstätten ihr Angebot
erweitern

Im Gespräch

ISBN 978-3-9812235-6-9
168 Seiten / 19,80 Euro

Dieses Buch ist ein Ideengeber für Werkstätten, die ihr Angebot zur
beruflichen Teilhabe ausbauen, sich neuen Zielgruppen öffnen und
sich so zu einem Sozialunternehmen weiterentwickeln wollen.
Am Beispiel der Gesellschaft für psychosoziale Einrichtungen (gpe)
in Mainz beschreibt es die konsequente und erfolgreiche
Erweiterung der Angebotspalette nach dem Grundsatz der Bedarfs-
orientierung in einer sich verändernden Gesellschaft.
Gespräche mit den Beteiligten, persönliche Porträts und vertiefende
Praxisberichte machen die Erfahrungen der gpe lebendig und
nachvollziehbar.
So ist dieses Buch Inspiration, Ermutigung und Hilfestellung zugleich
für alle auf dem Weg von der Werkstatt zum Sozialunternehmen.

Dieter Basener

Ich möchte arbeiten
Das Modell Spagat Vorarlberg

Im Gespräch

ISBN 978-3-9812235-7-6
184 Seiten
19,80 Euro

Dem Vermittlungsdienst Spagat gelingt in Vorarlberg etwas, das andernorts für unmöglich erklärt wird: Er vermittelt Menschen mit hohem Hilfebedarf in Betriebe des ersten Arbeitsmarktes, und zwar in sozialversicherungspflichtige und tariflich entlohnte Arbeitsverhältnisse. Dabei nutzt er vor allem die Unterstützung des familiären Umfelds und der Gemeinde.

Das Land Vorarlberg will Ernst machen mit den Vorgaben der UN-Konvention und stellt die inklusive Form von Arbeit finanziell nicht schlechter als die beschützende. Mittlerweile entscheiden sich 70 Prozent der Schüler mit sonderpädagogischem Hilfebedarf für den »Spagat-Weg« ins Arbeitsleben.

Dieses Buch beschreibt das Rezept für den Spagat-Erfolg, stellt die Beschäftigten und ihre Arbeitsplätze vor und ist im Gespräch mit den Verantwortlichen und Beteiligten.

Bestellungen und weitere Informationen zu unserem Verlagsprogramm und Medienversand unter www.53grad-nord.com

Jochen Walter / Dieter Basener (Hg.)

Mitten im Arbeitsleben
Werkstätten auf dem Weg zur Inklusion

Im Gespräch

2. Auflage 2012
ISBN 978-3-9812235-4-5
216 Seiten / 19,80 Euro

Immer mehr Werkstätten für behinderte Menschen gehen neue Wege, um die Integration ihrer Beschäftigten in »die ganz normale Arbeitswelt« voranzubringen. Sie schaffen ausgelagerte Arbeitsplätze in Betrieben der Region, gründen selbst Integrationsfirmen, öffnen ihre Angebote auch für nicht behinderte Menschen und in der Berufsbildung kooperieren sie eng mit Unternehmen und Berufsschulen.

In diesem Buch schildern zwölf Werkstäten ihre Konzepte und praktischen Erfahrungen auf dem Weg zur »Inklusion« behinderter Menschen in das Arbeitsleben.

Eine ausführliche Einleitung und ein Round-Table-Gespräch zum Abschluss des Buches diskutieren intensiv die Chancen und Grenzen des Inklusionsbegriffs und setzen sich mit den zukünftigen Herausforderungen für die Werkstätten auseinander.

Bestellungen und weitere Informationen zu unserem Verlagsprogramm und Medienversand unter www.53grad-nord.com

Die Herausgeber

Dr. Jochen Walter

Jg. 1960, seit 2002 Vorstand der Stiftung Pfennigparade in München, einer sozialwirtschaftlichen
Unternehmensgruppe in der Behindertenhilfe mit
13 Tochtergesellschaften, ca. 2000 Mitarbeitern
und rd. 100 Mio Gesamterlöse pro Jahr.
Die Unternehmensgruppe betreibt u.a. Kinder-
tageseinrichtungen, vier Schulen, Stationäres und
Ambulantes Wohnen, Pflegedienste, eine WfbM
mit rd. 750 Plätzen, eine Integrationsfirma mit
ca. 130 Mitarbeitern, diverse Fördereinrichtungen,
spezielle Reha-Programme (z.B. für spastisch
gelähmte Kinder oder schädel-hirnverletzte
Menschen) und eine medizinisch-therapeutische
Ambulanz.

Dieter Basener

Jg. 1951, Verlagsleiter von 53° NORD Agentur und
Verlag, Chefredakteur der Zeitschrift KLARER
KURS – Magazin für berufliche Teilhabe.
Studium der Pädagogik und Psychologie, seit 1981
Tätigkeit in Werkstätten für behinderte Menschen,
zunächst im ostfriesischen Aurich und Norden,
seit 1987 bei den Elbe-Werkstätten in Hamburg.
Mitbegründer der Hamburger Arbeitsassistenz,
des Integrationsbetriebes Bergedorfer Impuls und
von EUCREA Deutschland e.V.